文山遯叟蕭天石、 密宗沙門釋廣定、儒門修士鄭燦
審訂

心地無惡自性戒，心地無亂自性定，心地無癡自性慧。
蓋大戒無戒，大定無定，大慧無慧；
斯為真戒真定真慧、大戒大定大慧也。

五十世濟顛道濟禪師

濟顛禪師大傳 目錄

濟顛禪師大傳序

文山老人　蕭天石

宋代神僧濟顛禪師，臺州府天臺縣人，李駙馬之後，父茂春，拜春訪賀善，終隱於斯邑。母王氏，夢呑日光而生師。（卍字續道藏「濟顛道濟禪師語錄」同），禪師生時，紅光滿室，瑞氣盈庭，異香遍地。時值宋光宗三年十二月初八日也。稍長，挺拔異常人；年十七，即剃度於杭州西湖靈隱寺瞎堂遠公出家，法名道濟；得其密印，證眞如果。後居西湖屏山淨慈寺，潛修道行，豁然大悟，徹透三關，得明本心，得見自性。自是神韻天然，靈異自生；放曠不羈，言行叵測，異蹟奇多，扶危濟傾，醫人醫世，施診施藥，解決疑難，預卜未來，不可勝紀；世人莫測玄妙！世間留下濟佛救度衆生之軼事，以顯遊戲神通，隨在皆是，遠近馳名，人咸以爲眞羅漢應化人間也。實則乃本其悲天憫人之大願力，與「我不入地獄，誰入地獄」之慈悲心腸，運用見性後之「自在神通」，以遊戲世間，濟人之困，解人之難；以行說教，化度有情。非「帶果行因」之聖佛，其孰能之？

惟避免驚世駭俗起見，乃佯爲顛行，飲酒食肉，視爲日用常行事，淫坊酒肆，亦不避譏彈非議，皆在樂爲；救拔衆生，利用無盡。良以濟禪師乃藉此以掩人耳目，菩薩心腸，原在彼不在此也。山河大地皆是假，十方虛空並非空！能了此，亦自能行其所當行，而不行其所不當行；度其所當度，而不度其所不當度；有其事若無其事，有其相若無其相；我無心於與其間，實亦應作「無相」觀也。以其在世間，佯爲顚行，以顯應萬方，普度衆生。故道濟禪師之名隱，而濟顚和尙之名顯。世人多不呼濟顚和尙，而咸尊稱爲濟公活佛，或簡稱曰活佛。其致力於弘揚佛教，遠近馳名。後寺焚，師顯法力爲之重建，尤多不可揣測、不可思議之事。其神通妙化，出人意表，與神同體，與天偕化。坐微塵裏，轉大法輪；於毫末處，現寶王刹；不可爲世間人道也。

歷史上仙佛聖人，皆爲此一大事因緣，出現於世；濟禪師亦爲此一大事因緣，出現於世。其顯顚行，實非顚行！其顯飮酒食肉，實非飮酒食肉；切不可以現象世間，翳於自心，而以一切幻化之色聲，作爲實相實法也。余閱道濟禪師傳凡十一種，深會其自性淸淨圓明，朗徹乾坤，故能得千百億化身佛果。人或譏其不持戒，不修定，不修慧；庶不知其爲戒定慧圓滿具足之聖僧！蓋濟禪師實已具足：「心地無惡自性戒，心地無亂自性定，心地無癡自性慧。」蓋大戒無戒，大定無定，大慧無慧；斯爲眞戒眞定眞慧、大戒大定大慧也。余曾頌濟禪師有曰：「經誦八千部，道濟一顚亡。心契無相法，何妨畢生狂。羊鹿牛權設，戒定慧等揚。自性無住本，便是法中王！」衆善知識，會此否？

濟禪師弘化世間，現身說法，常能使人轉化貪嗔癡三毒與生死輪迴，度一切苦厄，而念念清淨！復使人能「無所住而生其心，「無所應而生其神」！悟此法者是般若法，修此行者是般若行。住一切處而不住一切處，不染一切處，不着一切處，不執一切經，不見一切法，不生一切心。妙覺普明，圓照三千大千世界，空空如也。當一念不生時，便是無念。當一心不生時，便是無心。當此際也，便得自明自心，自見自性；而與佛無殊矣。濟顛禪師，實已至此境界，並超佛地。惟佛菩薩現身，不能顯神通以度世；而須示凡夫相，顯凡夫行，以道德化人，以此乃世間法也！必須故示顛狂法、顛狂行，以示與凡夫無所異，行同凡夫而實非凡夫也。本來，「佛卽凡夫，凡夫卽佛。」佛凡無別！再則：「迷卽凡夫，悟卽佛。」凡信濟顛活佛者，實應以此爲「根本法」，以此爲「根本覺」。離世間覺，離世間法！復能無人相，無我相，無衆生相，無壽者相，無世間相，亦無佛相，方有少分相應。

夫人生在世，千差萬別；齊不齊而同不同，則皆可一之也。有顛也者，有非顛也者，有未始有顛也者，有未始有夫未始有顛也者；以其行似顛而心非顛，相似顛，而其神未顛，以其留得「本來面目在」也。性光未失神光顯，萬古千秋照迷人！若濟顛活佛者，千顛萬顛實非顛，千狂萬狂實非狂。以顛濟人，以狂度世，救盡天下蒼生，度盡天下蒼生，而實無一人得救度者！以天助自助者，神度自度者；其得救度者，皆自力度，自性度也。所謂「佛力無邊」者，卽言自心自性之力無邊也。自心自度，自性自度，自神自度，自力自度！呂祖不云乎：「我命由我不由天！」自作主宰，自我創造；則自可頂天立地，挾日月以遨遊，而神化萬千矣！

濟禪師住世時，其一生善行善迹，罄竹難書，口碑載道。臨終作偈曰：「六十年來狼藉，東壁打倒西壁；於今收拾歸來，依舊水連天碧。」入滅後，有僧遇於六和塔下，與語久之，復傳遠公密印，付書歸淨慈云：「憶昔面前當一箭，至今猶覺骨毛寒，只因面目無人識，又往天臺走一番。」蓋大菩薩乘願再來，了淨慈之緣，以其乃天臺五百應眞之一也。原贊有之曰：「不依本分，七倒八顛；攪亂世界，欺地瞞天，翻盡窠臼，是否出經；逝隱天臺，盛名猶傳。」其所得神通，乃「空靈自在神通」。佛門中人，對其飲酒食肉、行履淫坊等等顛行，宜默悟上一公案，方了其本來眞面目！故凡夫俗僧，或弟子滿天下之大禪師，切不可引以爲師法！道行不足，彷而行之，必貽「畫虎不成，反類犬」之譏無疑，可不愼哉！

存活佛救人救世之心，行活佛救人救世之行；不失活佛本來面目，亦不失自我（此自我卽指眞我）本來面目，則我與活佛無殊；而活佛卽我，我卽活佛；斯我與活佛一矣！不但我與活佛一矣；從無始刼來，我與萬千古佛及宇宙天地萬物萬神一如，自皆化而爲一矣。化而爲一，卽佛經所謂「一大合相」「一大圓相」也。經謂「一合相不可說」，「一圓相不可見」。此相也，乃諸相旣飛之後，無餘相可說可見，實無相之相，不空之空；無物之物，不虛之虛，無有之有也。夫「道不可道，可道非道；名不可名，可名非名。」不但相不可說，道不可說，法不可說，非法亦不可說，故金剛經說：「法尙應捨，何況非法！」相尙應捨，何況非相。此所以心經開卷卽云：「色不異空，空不異色。色卽是空，空卽是色。」此四句教，乃心經之神髓，禪教之秘鑰。了此卽得「照見五蘊皆空」，而自證佛果，得觀自在也。觀自在菩薩者，乃觀吾之眞法身，亦卽本來面目也。吾之法身，盡是空處；一切空處，皆吾法身；故無相可見，無法可說。功夫下手，全在一「觀」字。夫善「觀」者，非觀之以目，而觀之以神；心隨神住，「觀而不觀，不觀而觀」之玄意，自得之矣。故古眞詩謂：「祇用無色眼，不可着意觀；不離眞如是，法相空體安。」余常教人——觀金剛經之「無所住而生其心」之不傳秘法，亦卽觀宋儒所開示之「觀喜怒哀樂未發前氣象」之中。此一指點，其中玄妙處，實乃空相中之實相，實相中之空相！亦卽無相之相也。濟佛之心相，亦不可自有相中取，而應自無相處觀也。喜怒哀樂未發之前氣象，是無氣象之氣象，其中亦卽「虛中」之中「無中」可觀之「中」；所謂「無極」是也。易言之，儒道門庭之「無極」，亦我佛門中所說之「無相」是也，一而不二，有二卽非。此亦卽「圓極」之道！功夫非透最上一乘極地，不足與語此！

濟佛雖顯衆生相化衆生，顯諸世間相化世間：然此乃其幻身佛所化，其自性佛仍一眞如如，不可以相觀，不可以相取！而實爲「無相之相」也。拘留孫佛偈云：「見身無實是佛見，了心如幻是佛了，了得身心本性空、斯人與佛何殊別！」毘婆尸佛偈云：「身從無相中受生，猶如幻出諸形像；幻人心識本來無，罪福皆空無所住。」釋迦佛偈云：「幻化無因亦無生，皆卽自然見如是；諸法無非自化生，幻化無生無所式。」一切諸佛傳心，不離了幻，故不可取幻，不可執幻；執幻則隨生死流轉，了幻始順涅槃道妙。濟禪師顯「化身佛」度人，示幻而非演幻，幻化而非眞幻也。世人不可學其飮酒食肉等顚倒行；而應學其「一行三昧」。所謂一行三昧者，六祖云：「行一行三昧者，於一切處，行住坐臥，常行一直心是也。」能行一切法，而冥一切法。用而不虛，故非無；用而常空，故非有；用而不用，不用而用，故常存；神而不神，不神而神；故常眞。眞性卽自性，眞心卽自心。自性卽佛性，自心卽佛心。一部大藏經，不離「這個」。故濟顚禪師之顚倒行，宜不做顚倒行看；而其遊戲三昧相，宜不做遊戲三昧相看。方爲濟禪師之千古知己也。小女湘君篤信濟顚活佛，輯編本書竟，丐序於余，余嘉其天性純眞，心地善良，慧根深甚，故樂爲之序焉！書至此，偶憶我佛四十九年說法，猶是賸語。特擲筆爲說頌，聊當賸語曰：

禪而非禪，非禪而禪。
法而非法，非法而法。
佛而非佛，非佛而佛。
神而非神，非神而神。

中華民國七十九年庚申季多月文山老人於文山精舍

濟顛禪師大傳序

釋廣定

佛教傳來我國垂二千年，性相顯密，禪淨頓漸等宗派，所以愈衍愈繁者，蓋佛法無邊，廣開方便之門，因緣相假，以隨機化度耳。第經典語錄汗牛充棟，根性利便者就一宗一派，窮畢生之力，猶如恒河算沙，沒世不能究其辭而通其義也。是故諸佛、菩薩、阿羅漢化身，託跡塵寰以現身說法者，時有所聞，而濟公活佛尤爲衆人所耳熟能詳。孔子云：「我欲載之空言，不如見諸行事之深切著明也」，旨哉言乎！聖人之用心要皆如是，儒釋奚異焉。

濟公者，儒而禪者也，任情放達而諸趣橫生，託物寓意而言談微中。人爲之歡喜踴躍，心懷戀慕，遠惡遷善而不自知，於是暱呼曰公，尊爲活佛，傳聞異詞不脛而走，浸假流入洸洋怪誕，時下流傳坊肆之濟公傳記何止一家，且與封神榜、西遊記齊觀，鼎足而三矣。以其浮妄失正也，識者病焉。余謂衆心以爲佛，則旣佛矣。然則神奇無量，理空難測，亦不可思議也已，何病之云有？

南齊有道濟，蕭梁有寶誌，明有法舟，清有元濟，或與濟公名號雷同，或音義相近，又或風標行止類似，濟公傳所載，不無牽合混淆之嫌，論者因以爲陋，而鄙爲不足觀。余愚以爲開方便門，現眞實相，應物權現而化相各殊，誠不可强執爲一，又安知其必非一？夫人以爲善而然之者，則佛天亦以爲善而然之矣，要在達觀以盡意，得意忘相可耳。每見士子窮年埋首伏案，咿唔呫畢，益以夏楚之力，猶難以精熟久憶，曾不如平話歌曲之入耳成誦，戲劇傳奇之過目不忘，況佛理閎深，禪學尤不易解，其有待於通俗偏瑣爲之引掖化導者不亦多乎？然則濟公傳之流傳豈偶然哉!?

蕭天石先生耆德碩學，腹笥萬卷，著作等身，會通三教，博及百家；尤能截斷衆流，超邁一時，不落前人窠臼，而自成一家言！卓立於士林，殊不多覯。如其主編之「道藏精華」，所搜羅之道家秘笈，卽達五百餘種之多，曠古所無。而其所主編之「中國子學名著集成」一書，蒐集宋元明清善本圖書之子學名著，卽達五百餘種子書，不但遠駕「百子全書」而上之，且爲二千餘年以來所僅見！謂其書爲博大高明至極，非諛詞也。至其所編「禪宗叢書」、「密宗叢書」等，則猶其小焉者矣。其個人著作，如「世界偉人成功秘訣之分析」、「道海玄微」、「道家養生學概論」、「禪宗心法」、「人生內聖修養心法」、「道德經聖解」、「大學中庸貫義」、「孫子戰爭論」、「世界名將治兵語錄」等多種，流傳尤廣，而歷久彌新。先生今以七十三之高齡，猶復發雄心立弘願，創立「中國四部名著集成編刊館」，以編刊經史子集名著之善本圖書，藉以廣傳於世，普及海內外各大圖書館；其雄心壯圖，實亦有足多者焉！曠觀寰宇，羣趨西化，若先生者，獨背時趨，而以復興我中華文化，及致力於保存我固有傳統文化典籍，冀有以「復興中華文化」爲己任者，要亦如鳳毛麟角矣！今者，以其女公子湘君小姐篤信濟公，奉祀彌虔，每禱輒有靈應，先生俯徇若願，爲之精印其輯錄之濟公大傳。或以爲先生不哲之一事，先生亦似有所介介。余期期以爲無傷，曷思女公子一念純孝，理出天眞，誠之所至，感而遂通，其邀佛佑也固當，又何疑焉。猗歟休哉！善信發心，行願菩提，功德無量。

中華民國七十年歲次辛酉上元之夕釋廣定序於三慧學舍。

或問：濟公上生迄今已七百年，曾再世臨凡度人否？曰：旣發宏願於前，則再度臨凡自亦可能。但「道濟」、「濟顚」、「濟公」皆非本尊名號，當無沿用之理，猶布袋和尚之不襲傳大士名號。佛不自以爲佛。佛者無上法王，絕無臣屬於天道神祇之理，然亦不自以爲帝王，不設朝廷，不立朝儀。佛之行化，猶孔子之設教，來者不拒，去者不追，絕無使人立誓而復怖之以惡報之理。明乎此，則不難辨其眞僞。其僞者或顯神通，則是魔旬擾世以考驗衆生，卽白蓮、鴨蛋之屬所謂「魔考」者是也。

濟公傳中有眞假濟公鬭法一則，頗饒諧趣。因思白蓮教餘孽之假濟公，於抗戰末期因通敵叛國伏法。未審眞濟公曾陰助官府擒治否？抑念同名之雅，事後救之脫離地獄否也。附此以資一粲。

廣定附識

濟顛禪師大傳輯印補述

文山老人　蕭天石

一、早歲余曾有「老子新傳」(註一)，「莊子大傳」(註二)，「陳希夷先生新傳」(註三)，「六祖壇經心法」(註四)，六祖言行及傳記，盡在其中。暨光厚老和尙與羅春浦道人等人傳記之作(註五)，其餘如「呂祖新傳」「觀世音新傳」「屈原新傳」等，均將陸世問世。已發表之老、莊、陳三大聖傳記文觀之，識者多謂爲「確能發千古來前人未發之玄，傳天地間前人未傳之神。」本書之輯印，最初發心，雖出自歷經四十年刼難之湘君。然與余早歲發心「願以道家獨識之慧眼，寫天下不世之傳人！」畫龍點睛，藉以「傳不傳之傳」，而放異彩於「不放之放」，其用心如出一轍。如能使「瓦礫可吐金碧之輝，枯木能爲神龍之舞。」而世間頑石，盡皆點頭神化！則深所願也。

二、本書一般世人，都將之作「傳奇小說」讀，將濟顛作「傳奇人物」看！實有其大謬不然者在。良以濟禪師一生，有其罄竹難書之「傳奇事蹟」，與出人意表之「傳奇言行」，再加後世好事者之諠染，以訛傳訛，訛更甚焉。於焉其流傳人間者，無不神話彌天地，膾炙人口，善男子，善女人，莫不耳熟能詳。故其傳記版本之衆，自宋明以來，亦達十餘種之多，簡繁雜陳，莫可勝記。本書特取前上海佛學書局所印行之孤本「濟癲僧傳」

，參證卍大藏經所載「五十世濟顛禪師語錄」考查之；復比照坊間通行二八〇回本「濟公活佛傳」，及成都佛學書局刊行之「濟顛活佛傳」佚本，多方比較之下，而選用上海佛學書局本，以其是根據佛教醉菩提記載之事實而寫成，內容與坊間通行本大異其趣，內容雖仍多神奇事，然絕非虛構。余早歲居滬上時，由蕭昌明先生（註六）之介購，得閱及斯書，今於圓玄學院復得其重刊本，如久別逢故知，其心中之愉快，實非語言所能形容其萬一也。

三、本書卷首所刊傳之濟禪師聖像，以原書畫像，有失佛教應有之莊嚴威儀與神采肅穆。而改採用卍字道藏經本者，以示一心敬重；使讀者見之，得以想見其爲人，而信仰之心，便可油然而生！其遊戲人間事與遊戲人間相，皆可一掃而空之。見斯相也，莫不肅然起敬。由其相而想見其爲人，想見其超衆生之菩薩心腸！

四、本書世人多以「通俗小說」視之，因多荒誕不羈難以理測之神奇事蹟，難以科學之眼識解之。實則宇宙間難以科學理解與衡量之事實，實多如恒河沙數。大凡科學境界所不能解者，可以上求之於哲學境界；哲學境界所不能解者，可以上求之於神學境界。神學境界所不能解者，復可上求於老子之「不可道、不可道」境界，與釋迦之「不可說、不可說」境界！此則非凡夫淺識者流所能測度其萬一矣！綜觀全書對話，濟公所用機鋒犀利，趣味雋永，理事相運，語語相關，確富有曹谿一脈禪風意味。舉揚之爲佛家語錄，如聞九天仙樂，實不同凡響！「遙指天邊月，不在水窮處！」奇特處切莫做奇特看，平凡處切莫作平凡看！佛法原非佛法，神通不是神通，能會悟得此，則宗門下千八則公案，實可拚做一則看也。通俗小說原非通俗小說，言在此而意在彼，事在此而道在彼；能切實認取其中妙理，而不死在相下，亦不死在句下，自有少分相應。

五、本書所記濟禪師許多不可思議之「現身說教」之「遊戲神通」事，實非其故顯「神通妙用」於世間，又佯爲顚狂行，以住世混俗，以道濟世，以術救世，而經其濟度者實如恒河沙數。實則此乃大菩薩遊戲人間事，非已證聖果、住佛位，而無念無相者不能也。至其多非議同道處，非有違佛戒，而實爲在「超神佛境界中行」也。此在宗門下，不乏先例。如——菩薩本行佛道，維摩吉告文殊卻謂：「菩薩行於非道，是名佛道。」故百丈擬佛法爲「戲論之糞」，藥山擬佛法爲「閒家具」，六祖亦自謂「不會佛法」。蓋「會卽不會，不會卽會」也。學佛本應持戒。六祖卻謂：「心平何勞持戒，行直何用參禪？」无道子嘗謂：「見魔便殺，見佛便打！打殺諸佛給狗子吃！」此所以「呵佛罵祖，便爲禪宗成佛別法」，此所以免衆生着相與被佛迷也。濟禪師之譏彈同道，亦在爲世人解粘去滯，破迷開悟而已矣。（註七）

六、又如：德山鑒說：「十二分教是鬼神簿，是拭瘡疣紙。」「夾山會說：一大藏教是老僧具，祖師玄旨是破草鞋。」仰山亦說：「涅槃經四十卷，總是魔說。」良以禪宗以不立文字，直指人心，見性成佛爲宗。法脈始自拈花，傳承全在心印。以文字語言，實足以障道障心也。否則「一句合頭語，千古繫驢橛！」豈能超脫？豈能解脫？豈能自由自在？故趙州囘答問「西來的意」，直指「庭前柏樹子」。安國師問大梅：「祖師西來意如何？大梅答以「西來無意。」而鹽官直曰：「一個棺材，兩個死漢。」而余於「禪宗心法」一書中，舉至此事時亦云：「放眼大師皆死漢，庭前柏樹總迷人！」(註八) 曠觀今日道佛門庭，自我收徒說教說法，自我稱師，自尊自大者，幾偏天下都是死漢！多若過江之鯽，以盲引盲，其禍不知伊於胡底！以彼等皆有須以此爲衣食父母！又何足怪哉？濟顛佯狂，箕子早有例在。隱於市朝，隱於顛，隱於狂，隱於遊戲人間，以自「全眞」，此余之所以恒稱濟顛爲「隱聖」者歟！

七、本書初視之，以爲「通俗小說」，世間亦多以「通俗小說」視之；然切莫作如是觀。小之可當佛教傳記文學欣賞。去其怪異俚俗之外形，反就其禪門中慣用之機鋒轉語，與棒喝家風之玄旨觀之，其書中語錄，實多有可發人深省與引人入勝之處。藉得轉惡爲善，轉禍爲福，長養菩薩，深結佛緣，其爲功德又豈可限量哉！其詩詞歌頌，別具風格。趣味盎然，亦可引爲誘掖世人入道之搞門瓦子，切莫「執指爲指」或「執指爲月」，以死於文字下是幸！昔白居易有詩云：「須知諸相皆非相，若住無餘却有餘。言下忘言一時了，夢中說夢兩重虛。空花那得兼求果？陽燄如何更覓魚？攝動是禪禪是動，不禪不動卽如如。」讀濟顚禪師大傳，而能不爲文字瞞，不爲形相瞞，則亦自卽可：「有顚有狂皆是佛，不顚不狂卽如如」矣！

八、本書淺近通俗，易解易入：舉事以陳理，緣理以入道，悟道以明心，明心以見性，見性以成佛。雖係章回小說，實爲「成佛別徑」，切不做爲傳奇性之宗教小說看，其「取人爲善，與人爲善」之途，實有多端。三教聖人教人，簡易處實可以：「諸惡莫做，衆善奉行」八字，囊括無餘。人心純善無惡，便是「眞心」現前，便是「本來面目」，乃作佛種子。余嘗教人：「禪佛門庭，切莫壞了心術！心術不正，八輩子也莫想作佛。」又常教人以：「衆生皆有佛性，諸佛皆有衆生性。」此性卽爲「善根」，亦卽「良心」，亦卽「天根」「眞性」。讀本書，淺者能識其淺，深者能識其深。智愚皆入，賢不肖皆入。出家在家，學佛參禪，眞能轉向「這個」者，莫不是「聰明絕頂、智慧超人」；好也在此處，壞也在此處。此等人讀本書時，切宜深省，切莫一往直前！「濟顚顚狂處，正是回頭人。」佛說「回頭是岸」者，是教汝「回到天根處，識取本來人！」濟顚住世度人，一生行事，無一處不是以「本來面目」見人。無一事不是在善根上立定脚跟，處處皆可顚，唯此處不可顚！

九、余雖爲本書作長序，然仍恐書難盡言，言難盡意，世人仍以「通俗小說」或普通「傳記小說」視之，不能深入省察，則難能會心於言外，而得與佛爲徒矣！故特爲此「補述」

二，以示非水花鏡月，可循之入禪，斯爲正途。而由湘君錄之如上，以爲賸語焉。

附註

註一：見拙著「老子道德經聖解」自由出版社版。

註二：見「黃埔叢書」之五及黃埔季刊。

註三：見拙著「道海玄微」自由出版社版。曾傳太極圖於周濂溪先生。

註四：見拙著「禪宗心法」中之「六祖壇經心法」（自由出版社版）。

註五：見拙著「道海玄微」（自由出版社版）。光厚禪師一生行事類濟師，羅道師爲先天派傳人。

註六：蕭昌明先生，爲道門中一奇人；現由其傳人在臺灣創有「天德教」，其弟子甚衆，法脈鼎盛。

註七：註八：均見拙著「禪宗心法」一書（自由出版社版）。

補註：據佛史別傳載：「宋、比丘，字湖隱，號方圓叟。臨海李氏子，遵勗都尉裔也。美姿容，性聰慧，弱冠從靈隱寺佛海遠禪師出家，得其秘傳，澈悟本來，嗣爲南岳十六世。性躭林泉，行脚迨半天下；博通廣識，題墨尤爲雋永，人樂傳之。然疎而狂，介而潔，平居破褌袒裎，喜啖酒肉。醉輒共兒童喜嬉於溝壑間，世故以濟顚稱之。遂以是爲靈隱所擯，入南屏淨慈寺爲記室，每一疏出，都下哄傳。以嘉定二年（一二〇九）圓寂，壽六十。荼毗得舍利甚多，國人爭歸供養。其徒掬餘者塔於虎跑。北礀居簡居爲之撰舍利記。今俗稱濟公活佛。」按其所載，與本書出入不大。然非南齊住武昌樊山頭陀寺，以禪寂爲專業，苦行持戒之道濟。亦非明、無際悟五世孫之道濟。後世慕其名自號道濟，亦號顚僧者，大有人在。本書以「大傳」名其書，所以示有異於坊間本也。

濟顛禪師神化偈

文山老人　蕭天石

非俗又非僧，非凡亦非仙。打開生死門，透出乾坤圈。菩薩原有地，羅漢轉投生。
遊戲人間事，生涯似雲煙。有時閒結茅，晏坐荒山巔。有時長安市，漫上酒家眠。
心空塵不染，氣行壽萬年。神化偕時隱，自然如蛻蟬。有繩能繫日，無術轉翻天。
道大包天地，性眞自玄玄。忘人兼忘我，忘世復忘年。忘物兼忘意，忘神復忘生。
有相非爲相，無相亦近禪。有心難作佛，無心易爲仙。
有念念無已，無念念成圓。有住難爲道，無住斯即玄。
行狂心未狂，形顛神未顛。彌綸宇宙間，唯有一濟顛！
滿街兮都是禽獸！大地衆生實皆顛！
浩刼未了兮仍多刼，八萬四千刼兮在眼前。
萬惡莫作兮，衆善奉行！積德累功兮，福慧綿綿。
借問世間誰似我？千秋萬世難分辨！
無心爲說偈，偈言無盡藏！無盡偈言已，實未有一言。

——湘君鈔錄於圓玄學院之主席室。

錢塘湖隱濟顛禪師語錄節鈔

裂網掀翻出愛纏　金田得入效金仙
髮隨刀落塵根淨　衣逐雲飛頂相圓
悟處脫離煩惱海　定時超出死生關
佛恩僊德俱酬足　一朵爭開火裏蓮

——湘君錄自卍續藏經濟顛禪師語錄一書

石屋禪師授傳西禪師十二無偈句

起無信論。奉無佛教。讀無字經。守無法門。
持無戒行。修無定慧。參無禪地。入無聖境。
行無極地。得無生果。修無頓漸。證無相天。

——湘君鈔錄自文山老人著禪宗心法一書

代序

道濟禪師乃大神通聖人，欲令一切人生正信心，故常顯不可思議事。其飲酒食肉者，乃遮掩其聖人之德，欲令愚人見其顚狂不法，因之不甚相信；否則彼便不能在世間住矣。凡佛菩薩現身，若示同凡夫唯以道德敎化人，絕不顯神通，若顯神通便不能在世間住，唯現作顚狂者顯則無妨，非曰修行人皆宜飲酒食肉也。世間善人尚不飲酒食肉，況爲佛弟子要敎化衆生而自己尚不依敎奉行，則不但不能令人生信，反令人退失信心，故飲酒食肉不可學彼。吃了死者會吐出活的，你吃了死的尚不能吐出原樣的肉，何可學彼吃肉？彼喝了酒能替佛裝金，能將無數大木從井裏運來，汝喝了酒把井水也運不出來，何可學他？濟公傳有幾種，唯醉菩提最好。近有流通者云有八本。多後人敷衍之文，醉菩提之若文若義均好，所叙之事乃當日實事。世人不知所以然，不是妄學便是妄毀。妄學則決定要墮地獄，妄毀則是以凡夫之見測度神通聖人，亦屬罪過，比之學者尙輕之多多矣。見其不可思議處當生敬信，見其飲酒食肉處絕不肯學，則得益不受損矣。

（見印光法師文鈔）

濟顛禪師大傳序

宋代神僧有道濟禪師者世傳其事迹涉荒誕而號之曰顛僧余讀其書而歎曰有是哉濟公之顛也濟公旣入僧倫自應嚴淨毘尼紹隆佛種而反飲酒食肉不避譏嫌其故安在曰此其所以爲顛也濟公以末世法弱魔強衆生根劣障深情欲滋張律儀罔顧弁髦戒法視若等閑故不惜示同其事而特斥之曰顛僧其有以警世之習非者乎夫濟公旣示顛行而於其顛行中常作救世度生之業蓋能以顛濟人者名曰濟顛殆逆行菩薩之儔歟我願世之讀是書者顧名思義曰惡有僧而顛顛而能濟者乎非菩薩證窮法性遊戲神通孰能語是世有妄人行背佛道豔濟公之顛稱而藉口以飾其非者皆濟公之罪人也佛學書局將世傳濟公遺事而重行編訂一新眉目直

題其書曰濟顛僧傳其實獲濟公之心乎因揭其義而序之

民國二十年十二月范古農序於月湄河畔

濟顛禪師大傳 目錄

濟顛禪師大傳

第一回　靜中動羅漢投胎　來處去高僧辭世

詩曰：

愛網無關愛不纏，金田有種種金丹；禪心要在塵中淨，功行終須世上全。煩惱脫於煩惱際，死生超出死生間，不能火裏生枝葉，安得花開火裏蓮。

此八句詩，是說那釋教門中的羅漢，雖然上登極樂，無滅無生，但不在人世翻觔斗弄把戲，則佛法何以闡明？神通難於顯示，那能點醒這濁世一班愚庸？如今且說一位羅漢，因一念慈悲，在那西湖上留下五十年聖迹，後來萬代瞻仰，莫不稱奇道異，你道是誰？

卻說大宋高宗南渡建都在浙江臨安府（卽今杭州）。這浙中有一座天台山最爲靈秀，原是個活佛住的處所，這高宗建國在旁，遂改爲台州府。這府中有個國淸寺，寺中的長老法名一本，道號性空，僧臘已是六十八歲，也是累劫中修來的一尊羅漢，但往往默示禪機，絕不輕易露出本相。這一年，正値殘冬，北風凜冽，彤雲密布，雨雪霏霏。晚齋後，長老在方丈中禪椅上，端然獨坐。衆弟子羣侍兩旁，佛前香烟靄靄，琉璃燈影煌煌。師弟們相對多時，有一弟子會悟於心，跪在長老面前道：『弟子蒙師慈默示靜理，今弟子細細參悟，已知靜中滋味有如此之美矣！』長老微笑道：『你雖會得靜中滋味固妙，然有靜必有動，亦不可因靜中有滋味，遂謂動中全無滋味也。』弟子驚訝道：『蒙師慈默示靜理，今復云然，豈動中又別有滋味耶？』長老道：『動中若無滋味，則處靜者不思動矣！』正說未了，只聽得豁喇喇一聲響亮，有如霹靂。衆弟子盡吃一驚，長老道：『你等不必吃驚，此正所謂靜中之動也。可細細看來，聲從何起？』衆弟子領了法旨，遂一同移著燈出了方丈，行至法堂，轉上大殿，幷無影響。再走入羅漢堂去，只見一尊紫磨金色的羅漢，連一張彩畫的大椅都跌倒在地，衆僧方纔明白、原來聲出於此。遂回方丈報知長老。長老也不做聲，閉目垂眉，竟入定去了。去不多時，又回來說道：『適來一聲震動，跌倒在地者，乃紫脚羅漢靜極而動，已投胎住世矣！幸去不遠，異日爾等自有知者。待彌月時，老僧當親往一看，與之訣去住也。』衆僧聽了，俱各驚異！不題正是：已知來處來，早辨去時去；來去兩分明，方是菩提路。

話說台州府天台縣，有一位宰官，姓李雙名茂春，官拜春坊贊善，爲人純謹厚重，不貪榮利，做了幾年官，就棄職歸隱於家。夫人王氏十分好善，但是年過三十，并無子嗣，贊善又篤於夫妻之好，不肯娶妾；夫妻兩個日夜求神祈佛。忽一夜，王夫人夢見一尊羅漢，將一朵五色蓮花相贈，夫人接來一口吞了。自此之後，卽身懷六甲，到了十月滿足，正是宋光宗三年十二月初八日，一更時分，生下一男，面如滿月，眉目清奇。臨產之時，紅光滿室，瑞氣盈門，贊善夫妻兩個歡喜異常。贊善忙燒香點燭，拜謝天地。一時親友盡來稱賀。

到了滿月，正在開筵宴客，忽門公來報：『國清寺性空長老，在外要見贊善。』贊善暗想：這性空和尙乃當世高僧，等閒不輕出寺，爲何今日到此？連忙接入堂中，施禮相見，便道：『下官塵俗中，老師法駕寵臨，必有事故。』長老道：『并無別事，聞得公子彌月，特來奉賀。但此子與老僧有些來處因緣，欲求一見與他說個明白。』贊善滿心歡喜，忙進內與夫人說知，叫丫鬟抱著，自己跟出來，送與長老觀看。長老雙手接在懷中，將手摸著他的頭道：『你好快腳，怎冷了，不怕這等大雪，竟走了來。但聖凡相隔天淵，來便來了，切不可走差了路頭。』那孩子就像知道的一般，微微而笑。長老又拍他兩拍，高聲贊道：

『莫要笑！莫要笑！你的事兒我知道。見我靜修沒痛癢，你要動中活虎跳。跳跳便跳，不可迷了靜中竅。色會燒身，氣能敗道，錢財只合帮修造。若憂凍死須菩提，滾熱黃湯眞實妙。你來我去兩分明，愼勿大家胡廝鬧。』

長老贊罷，遂將孩子抱還丫鬟，叫他抱了進去。又問贊善道：『公子曾命名否？』贊善道：『連日因慶賀煩冗，尚未得佳名。』長老道：『既未有名，老僧不揣冒昧，妄定一名，叫做修元。顧名思義，叫他恆修本命元辰。不識大人以爲何如？」贊善大喜道：「元爲四德之首，修乃一身之本。謹領大師台敎，感謝不盡。」長老遂起身作別。贊善道：「蒙老師遠臨，本當素齋，少申欵敬。奈今設席宴賓，庖人烹宰，廚灶不潔，以致怠慢，容當親詣寶刹叩謝！」長老道：「謝何敢當！但老僧不日西歸，大人如不見棄，屈至小庵一送，叨寵實多。」贊善道：「吾師僧臘尙未過高，正好安享淸福，爲何忽發此言？」長老道：「有來有去，乃循環之理。老僧豈敢有違？」遂別了贊善，回至寺中靜坐。

過了數日，時值上元，方出法堂陞座。命侍者撞鐘擂鼓，聚集人衆，次第頂禮畢，兩班排立。長老道：「老僧不日西歸，有幾句辭世偈言，唸與大衆聽著：

正月半，放花燈，大衆年年樂太平，老僧隨衆已見慣，歸去來兮話一聲。

既歸去，復何疑，自家心事自家知，若使旁人知得此，定使旁人說是非。

故不說，癡成呆，生死之間難用乖，山僧二九西歸去，特報諸山次第來。

生死來，休驚怖，今古人人有此路，黃泉白骨久已非，惟有青山還似故。

水有聲，山有色，閻羅老子無情客，奉勸大衆早修行，先後同登極樂國。』

長老唸罷，大衆聽得西歸之語，盡皆惶惶，一齊跪下懇求道：『弟子輩根器頑鈍，正賴師慈主張法教，幸再留數十載，以明慧燈之不滅！』長老道：『慧燈如何得滅？因被靈光，故老僧隱熖。死生定數，豈可稽留？可抄錄法語，速報諸山，令十八日早來送我。』吩咐畢，遂下法堂。衆僧只得一面置龕，一面傳報。到了十八日，諸山人等，盡來觀送，李贊善與衆宰官亦陸續俱至。性空長老沐浴更衣，到安樂堂禪椅上坐下。諸山和尚，并一應人等，俱簇擁侍立。長老呼其親信五個弟子至前，將衣鉢之類，盡行付與，吩咐道：『凡體雖空，靈光不隔，機緣若到，自有感通。』敎五人謹守法戒，毋得放縱。五弟子不勝悲慟，叩領法旨。長老又略定片時，忽開目道：『時已至矣！快焚香念佛。』衆僧依言，不一時，禮誦畢。長老令取紙筆，大書一偈道：『耳順年餘又九　事事性空無醜　今朝撒手西歸　極樂國中閒走』長老寫畢，卽閉目垂眉，卽時圓寂。衆各舉哀，請法身入龕畢，各自散去。

到了二月初九日，已是三七，又請大衆舉殯。這一日天朗氣淸，遠近畢至。大衆舉龕而行，只見幢幡前引，經聲隨後。直至焚化局，方停下龕子在松林深處。五弟子請寒石岩長老下火。長老手執火把道：『大衆聽著！

火光焰焰號無明若坐龕中驚不驚回首自知非是錯了然何必問
他人

恭惟圓寂紫霞堂下性空大和尚本公覺靈原是南昌儒裔皈依東
土禪宗脫離塵俗性皆空眞是佛家之種無喜無嗔和氣有才有學
從容名山獨占樂其中六十九年一夢

咦不隨流水入天台趁此火光歸淨土』

寒石岩長老唸罷，遂起火燒著龕子，立時烈焰騰空，一刻燒畢，忽見火光叢中，現出一位和尚，隨火光而起，下視衆人道：『多謝了汝等！』又叫贊善道：『李大人！汝子修元乃佛家根器，非宰官骨相，但可爲僧，不宜出仕。切勿惹了，使他錯了路頭。倘若出家，可投印別峯山遠瞎堂爲師，須牢牢記取，不可忘懷！』贊善合掌向空道：『蒙老佛慈悲指示，敢不遵依……』再欲問時，那和尚法相已漸漸的入青雲內去了。那贊善因聽了長老在雲衢囑咐的話，遂緊記在心，不敢暫忘。後來那修元果然在西湖靈隱寺出了家，做出許多奇事，直教動靜玄機凝妙道，去來踪跡顯神通。畢竟後來如何？且聽下回分解。

第二回　茅屋兩言明佛性　靈光一點透禪機

話說李贊善曉得兒子修元有些根器，遂加意撫養。到了八歲，請了個先生，同妻舅王安世的兒子王全兩個同在家中讀書。那修元讀得高興，便聲也不住，從早晨直讀到晚。有時懶讀，便口也不開，終日只是默坐，瞪著眼睛只管想；想得快活，仰面向天哈哈大笑，有人問他，卻又遮遮掩掩的不說。到了十二歲上，無書不讀，文理精通，吟詩作賦，無般不會矣！

這一日，時值清明，先生例該放學回家，贊善設席欵待，又備下束脩禮物，命修元偕表兄王全帶了從人送先生回家。二人送了先生到家，復轉身回來，打從一個寺前經過，修元問從人道：『這是何寺？』從人回道：『這是台州府有名的祇園寺。』王全聽了便道祇園寺原來就在此處，聞名已久，今日無心遇著，我與賢弟何不進去一游？』修元道：『表兄所言正合我意。』二人遂攜手而入，先到大殿上瞻仰了佛相，隨即偏繞迴廊，觀玩景緻。信步走到方丈中來，早有兩個侍僧攔住道：『有官長在內，二位客人若是閒游，別處耍耍罷。』修元道：『方丈乃僧家客座，人人可到，就有官長在內，我二人便進去相見，又何妨？』遂昂昂然的走將進去，只見左邊坐著一位官長，右邊坐著本寺道清長老，兩邊排列著幾十個行童，各執紙筆在那裏想。修元走近前，把手一拱道：『請問大人與老師，這許多行童各執紙筆在此何爲？』那官長未及開言，這長老先看見他兩個衣冠楚楚，知道是貴家子弟，不敢怠慢，遂立起身來答應道：『此位大人，因有事下海，舟至黑水洋，驚然波浪狂起，幾至覆沒，因許了個爲僧之願，方得平安還家。今感謝佛天，施捨一千貫錢，請了一道度牒，要度剃一僧，故集諸行童在此檢選。因諸行童各有所取，一時檢選不宗，便做了一首詞兒，用意要衆行童續起兩句，以包括之；若包括得有些意思，便剃他爲僧，故衆行童各執紙筆在此用心。』修元道：『原來如此！乞賜此位大人的原詞一觀，未識可否？』那位官長見修元言語不凡，遂叫左右將原詞付與修元道：『小客人要看，莫非能續否？』

修元接來一看，卻是一首滿江紅詞兒：

世事徒勞，常想到山中卜築，共笑傲明月淸風，蒼松翠竹；靜坐洗開名利眼，困眠嘗飽詩書腹，任粗衣淡飯度平生，無拘束。奈世事如棋局，恨人情同車軸，身到處俱是雲翻雨覆；欲向人間求自在，不知何處無榮辱，穿鐵鞋踏偏了紅塵，徒碌碌。

修元看畢，微微一笑，遂在案上提筆續題二句道：

淨眼看來三界，總是一椽茅屋。

那官人與道清長老看了修元續題之語，大有機鋒，不勝驚駭！還讓二人坐下，命行童奉茶。長老道：『請問二位客人尊姓大名？』修元指著王全答道：『此卽家表兄，乃王安世之子王全也。學生乃李贊善之子，賤字修元便是。』長老聽了又驚又喜道：『原來就是李公子，難怪下筆如此靈警，卻是帶來的宿慧。』那官長見長老說話有因，問其緣故，長老道：『大人不知十餘年前，國清寺性空長老歸去之日，曾諄諄對李贊善道「小公子是聖人轉世，根器不凡，只可出家，不宜入仕。」』讀李公子所續之語，看來那性空之言，豈非是眞？』那官長聽了大喜道：『若是剃度，得此位小客人爲僧，則勝於諸行童多矣！』修元聽得二人商量要剃度他，遂辭謝道：『剃度固是善果，但家父只生學生一人，豈有出家之理？』長老道：『貧僧揣情度理以爲相宜。然事體重大，自當造宅見令尊大人禮請，今日豈敢造次。但難得二位公子到此欲屈在敝寺暫宿一宵，再聆金玉何如？』修元道：『學生二人有父母在堂，從不敢浪游。今因送業師之便，偶過上刹，偷閒半晌，焉敢稽留？』遂起身辭出，長老只得送至山門外，珍重而別。

那弟兄兩個回家。贊善問道：『汝二人歸來何晚？』修元道：『因爲先生留飯，又路過祇園寺進去一遊，倒躭擱了多時。』贊善道：『入寺不過遊玩，有何事躭擱？』修元遂將官人有願要剃度一僧，及衆行童爭功續句之事，細細說了一徧。『那長老道是孩兒續語驚奇，苦要孩兒出家，被孩兒唐突了兩句。彼尚未死心，只怕明日還要來纏繞父母。』贊善聽了，沈吟半晌。修元不知其意，便道：『他明日來時，大人不必懇辭，孩兒自有答應。』贊善道：『那道清長老乃當今尊宿；汝亦不可輕視了他，出言唐突！』修元道：『孩兒怎好唐突他？只恐他道力不深，自取唐突耳！』父子二人商量停當。

到了次日，纔吃了早膳，卽有門公來報道：『祇園寺道清長老在外求見老爺。』贊善知道他的來意，忙出堂相見畢坐定了。贊善便問道：『老師法駕早臨，不知有何事故？』長老道：『貧僧無故也不敢輕造，只爲佛門中有一段大事因緣，忽然到了，特來報知，要大人成就！』贊善道：『是何因緣？敢求見教！』長老道：『昨有一位貴客，發願剃度一僧以代焚修，一時不得其人，因做了一首詞兒，叫衆行童續題二語，總括其意，以觀知慧。不道衆行童，幷無一人能解其意。適值令公子入寺閒遊，看見了，信筆偶題二語，恰合機鋒。貧僧問知是令公子，方想起昔日性空禪師雲衢囑咐大人之言，實是菩提有種；特來通知大人，此乃佛門中因緣大事，萬萬不可錯過！須及早將令公子披剃爲僧，方可完一椿公案。』贊善道：『性空禪師昔日所囑之言，焉敢有負？卽今日上人成全盛意，感佩不已！但恨下官獨此一子，若令其出家，則宗祧誰繼？所以難於奉命。』長老道：『語云，「一子出家，九族昇天。」九族既得昇天，又何必留皮遺骨在於塵世？』贊善尚未回答，修元忽從屏後走將出來，向道清長老施禮道：『感蒙老師指示前因，恐其墮落，苦勸學生出家，誠乃佛菩薩度世心腸。但學生竊自揣度，尚有三事未曾停當，有負老師一番來意！』長老道：『公子差矣！出家最忌牽纏，進道必須猛勇。不知公子尚有那三件未曾停當？』修元道：『竊思古今無鈍頑之高僧，學生年未及冠，讀書未多，焉敢妄參上乘之精微？此其一也！天下豈有不孝之佛菩薩？

學生父母在堂，上無兄以侍餐，下無弟以代養焉！敢剃髮披緇，去父母而逃禪？此其二也！其三尤為要緊，夫燈燈相續，必有眞傳。學生見眼前叢林雖則衆多，然上無摩頂之高僧，次少傳心之尊宿，其下卽導引指迷之善知識尙不可得見，學生安敢失身於盲瞎乎？』長老聽了哈哈大笑道：『若說別事，貧僧或者不知；若說此三事，則公子俱已停當矣！又何須過慮？公子慮年幼無知，無論前因宿慧，應是不凡，卽昨日所續二語，已露一斑！豈是頑鈍之輩？若說出家失孝，古人出身事君，且忠孝不能兩全，何況出家成佛作祖？後父母生死俱享人天之大樂，豈在晨昏定省之小孝？至於從師，能得如五祖六祖之傳固好，倘六祖之後無傳，不幾慧燈滅絕乎？貧僧為衲已久，事佛多年，禪機頗諳一二，豈不能為汝之師，而慮無傳耶？』修元微微笑道：『人之患，在好為人師。老師既諳禪機，學生倒有一言動問。老師此身住世幾何年矣？

』此時長老見修元出言輕薄，微有怒色答道：『老僧住在世上已六十二年矣！』修元道：『身既住在此世六十二年，而身內這一點靈光卻在何處？』長老突然被問，不曾打點，一時間答應不出來，默然半晌無語。修元道：『只此一語尚未醒悟，焉能爲我師乎？』將衣袖一拂，竟走了進去。長老不勝慚愧，急得置身無地。贊善再三周旋，只得上前陪罪道：『小兒年幼，狂妄唐突，望老師恕罪！』長老因乏趣，無顏久坐，相辭還寺。

回去之後，一病三日不能起牀，衆弟子俱各惶惶無計。早有觀音寺內的道淨長老，聞知前來探問。道清著行童邀入相見，道淨長老問道：『聞知師兄清體欠安，不知是寒是熱？因何而起，故特來拜候！』道清長老愁著眉頭道：『不是受寒也非傷熱……并不是無因而起。』道淨道：『究竟爲著何事而起？何不與我說個明白，好請個醫生來下藥。』只見道淸長老，對道淨長老說出幾句話來，有分使高才出世驚倒了高僧古佛；機緣觸動，方識得宿定靈根。畢竟道清長老害的端的是何症候？且聽下回分解，

第三回　近戀親守身盡孝　遠從師落髮歸宗

話說道清長老被修元禪機難倒，抱著慚愧回來，臥牀不起。道淨長老認以為病，特來相探，問其緣故。道清長老隱瞞不過，遂將要披剃李修元之事，被他突然問我靈光何處，我一時對答不出，羞慚回來，所以不好見人的話，說了道淨道：『此不過口頭禪耳！何足為奇？待我去見他，也難他一難，看是何如？』道清道：『此子不獨才學過人，實是帶來宿慧。賢弟切不可輕視了他！……』正說未了，忽報李贊善同公子在外求見長老。長老只得勉強同道淨出來迎接進去。相見禮畢，一面獻茶。李贊善道：『前日小兒狂妄，上犯尊師，多有得罪，故下官今日特來請荊，望老師釋怒為愛！』道清道：『此

乃貧僧道力淺薄，自取其咎，於公子何尤？』道淨目視修元，接著問道：『此位莫非就是問靈光之李公子麼？』修元答道：『學生正是！』道淨笑道：『問易答難！貧僧亦有一語相問，未識公子能答否？』修元道：『理明性慧，則問答同科，安有難易？老師既有妙諦，不妨見教！』道淨道：『請問公子尊字？』修元道：『賤字修元。』道淨道：『字號修元，只恐元辰修未易！』修元聽了便道：『敢請老師法諱？』道淨道：『貧僧道淨。』修元應聲道：『名爲道淨，未歸淨土，道難成！』道淨見修元出言敏捷，機鋒警策，不禁肅然起敬道：『原來公子果然不凡！我二人實不能爲他師，須令另求尊宿，萬不可誤了因緣！』贊善道：『當日性空禪師歸西之時，曾吩咐：若要爲僧，須投印別峯遠瞎堂二人爲弟子。但一時亦不能知二僧在於何處？』道淨道：『佛師既有此言，必有此人，留心訪問可也。』大家說得投機。道清又設齋欵待，珍重而別。

那修元回家，每日在書館中只以吟詠爲事。雖然回絕了道清長老，然出家一個種子，未免放在心頭，把功名之事，全不關心。時光易過，倏忽已是十八歲，父母正待與他議婚，不料王夫人忽染一病，臥牀不起，再三服藥，全無效驗，不幾日，竟奄然而逝。修元盡心祭葬成禮。比及母服方終，父親相繼而亡。修元不勝哀痛，重又服喪三年，以盡其孝。自此之後，無罣無礙，得以自由。母舅王安世屢次與他議婚，他俱決辭推卻。閒來無事，只在天台諸寺中，訪問印別峯和遠瞎堂兩個長老的信息。訪了年餘，方有人傳說：『印別峯和尚在臨安經山寺做住持，遠瞎堂長老，先曾在蘇州虎邱山做住持，今又聞知被靈隱寺請去了。』修元訪得明白，便稟知母舅，要離家出去尋訪。王安世道：『據理看來，出家實非美事；但看你歷來動靜，似與佛門有些因緣。

但汝尙有許多產業，幷無弟兄，卻叫誰人管理？』修元道：『外甥此行，身且不計，何況產業？總託表兄料理可也。』遂擇定了二月十三日吉時起身。玉安世，無柰只得與他整治了許多衣服食物，同王全相送了一程。

修元帶了兩個從人，攜了些寶鈔，拜別了王安世王全兩個，安然而行，離了天台，竟往錢塘而走。不數日過了錢塘江，登岸入城，到新官橋下一個客店裏歇了。到了次日，吃了早飯，帶了從人，往各處游玩，但見人烟輻湊，果然好個勝地，但是風光景物，毫未洽心。至晚回來，問著主人道：『聞有一靈隱寺，卻在何處？』主人道：『這靈隱寺正在北山飛來峯對面，乃是有名的古寺。』修元道：『同是一寺，爲何這靈隱出名？』主人道：『相公有所不知！只因唐朝有個名士，叫做宋之問，曾題靈隱寺一首詩，內有「桂子月中落，天香雲外飄。」之句。這詩出了名，故連寺都成了古迹。修元道：『要到此寺，從何路而往？』主人道：『出了錢塘門，便是西湖，過了保叔塔，沿著北山向西去，便是岳墳，由岳墳迤南便是靈隱寺了。這靈隱寺前，有石佛洞，冷泉亭，呼猿洞，水明山秀佳境無窮。相公明日去游，方知其妙！』修元道：『賢主人所說，乃是山水，但不知寺中可有甚高僧麼？』主人道：『寺中雖有三五百衆和尚，便是未聽得有甚高僧。上年住持死了，近日在姑蘇虎邱山，請了一位老僧，來叫做甚麼遠瞎堂。聞得這個和尚，能知過去未來之事，只怕算得是個高僧！』修元聞得明白，暗暗歡喜，當夜無話。

到了次早起來，仍是秀才打扮，帶了從人，竟出錢塘門來。此時正是三月天氣，風和日暖，看那湖上的山光水色，果然景緻不凡。修元對從人道：『久聞人傳說西湖上許多景緻，吾今日方才知道！』又就西湖北岸上走入昭慶寺來，看見大殿上奉供著一尊千手千眼觀世音，心中有感，口占一頌道：『一手動時千手動　一眼觀時千眼觀　既是名爲觀自在　何須拈弄許多般』

又向著北山而行，到了大佛寺前，入寺一看，見一尊大佛，只得一頭幷半截身子。又作一頌道：『背倚寒岩面如滿月，盡天地人只得半截。』

題畢，又往西行，走到了岳墳，又題一首道：『風波亭一夕，千古岳王墳，前人豈戀此，要使後人聞？』

又見了秦檜王氏，用生鐵鑄成，跪在岳王墳前，任人鞭打，又題一首道：『誅惡恨不盡，生鐵鑄奸臣；痛打亦不痛，人情借此伸！』

題畢，又向南而行。不多時，早到飛來峯下，冷泉亭上，風景清幽，動人逸興，便坐了半晌。未及入寺，正流覽間，忽見許多和尚，隨著一位長老，從從容容的入寺去。修元忙上前，向著一個落後的僧人施禮道：『請問上人，適才進去的這位長老，是何法號？』那僧人囘禮答道：『此是本寺新住持遠瞎堂長老，相公問他有何事故？』修元道：『學生久仰長老大名，欲求一見，不識上人，能代爲引進否？』那僧人道：『這位長老，心空眼闊，於人無所不容。相公果眞要見，便可同行。』修元大喜，就隨了僧人，步入寺內。到了方丈，那僧人先進去說了，早有侍者將修元邀請進去。

修元見了長老，便倒身下拜。長老問道：『秀才姓甚名誰，來此何幹？』修元道：『弟子自天台山，不遠千里而來，姓李名修元，不幸父母雙亡，不願入仕，一意出家。久欲從師，不知飛錫何方？故久淹塵俗。近聞我師住持此山，是以洗心滌慮，特來投拜，望我師鑑此微誠，慨垂青眼！』長老道：『秀才不知出家二字，何易輕談？豈不聞古詩有云：「出家容易坐禪難。」不可不思前慮後也！』修元道：『一心不二，則有何難易？』長老道：『你既是從天台而來，那天台山中三百餘寺，何處不可爲僧，反捨近而求遠？』修元道：『弟子蒙國清寺性空佛師西歸之時，現身雲衢，諄諄囑咐先人，當令修元訪求老師爲弟子，故弟子念茲在茲，特來遠投法座，蓋遵性空佛師之遺言也！』長老道：『既是如此，汝且暫退！』命侍者焚香點燭，危坐禪牀入定而去，半晌出定說道：『善哉善哉！此種因緣卻在於斯。』此時長老雖叫修元暫退，他卻未曾退去，尙立在旁邊。長老開目看見問道：『汝身後侍立者何人？』修元道：『是弟子家中帶來的僕從。』長老道：『你既要出家，僕從卻不能代你爲僧，可急急遣歸！』修元領命，遂吩咐從人，將帶來的寶鈔取出，納付長老常住，以爲設齋請度牒之用，餘的付與從者，作歸家路費。從人道：『公子在家，口食肥甘，身穿綾錦，童僕林立，今日到此，只我二人，盤纏有限，已自冷落淒涼。今若使我二人遠歸，公子獨自一人，身無半文，怎生過得？還望公子留我二人在此伏侍！』修元道：『這個使不得！從來爲僧，都是孤雲野鶴豈容有伴？你二人只合速囘報知母舅，說我已在杭州靈隱寺爲僧。佛天廣大，料能容我，不必挂念！』二僕再三苦勸，修元只是不聽。二人無可奈何，只得泣別囘去，不提。

卻說這遠瞎堂長老自入定之後，知道修元是羅漢投胎到世間來游戲，故不推辭。叫人替他請了一道度牒，來擇個吉日，修備齋供，點起香花燈燭，鳴鐘擊鼓，聚集大衆在法堂，命修元長跪於法座之下，問道：『汝要出家，果是善緣！但出家容易還俗難，汝知之乎？』修元道：『弟子出家乃心之所安，性之所悅，并非勉强，豈有還俗之理？求我師慈悲披剃！』長老道：『既是如此！就將他頂髮分開。』綰做五個髻兒，指說道：『這五髻前是天堂，後是地獄，左爲父，右爲母，中爲本命元辰。今日一齊與你剷去，你須理會！』修元道：『蒙師慈指示，弟子已理會得了！』長老聽了，方才把金刀細細與他披剃，剃畢，用手摩其頂，爲他授記道：『佛法雖空不無冥地，一滴爲功法言是利，但得眞修，何妨游戲？法門須重廣大智慧，僧家之戒酒色財氣；多事固愚，無爲亦廢，莫廢莫愚，賜名道濟！』這長老披剃畢，又吩咐道：『道濟！你從今以後是佛門弟子了，須守佛門規矩！』道濟道：『佛門規矩不知從何守起？』長老道：『且去坐禪！』道濟道：『弟子聞佛法無邊，豈如斯而已乎？』長老道：『如斯不已，方不如斯！』遂命監寺送道濟到雲堂去坐禪。道濟不敢出言，只得隨了監寺到雲堂內來。只因修元此番出家，有分教：三千法界翻爲酒肉之場，道濟何難？受盡懊惱之氣。正是俗情原淺薄，豈識道心堅；到得成因果，方知各一天。畢竟不知道濟坐禪如何？且聽下回分解，

第四回　坐不通前眞苦惱　悟得澈後假顛狂

卻說道濟隨著監寺到雲堂中來只見滿堂上下左右，俱鋪列著禪牀，多有人坐在裏面。監寺因指著一個空處道：『道濟！此處無人，你可坐罷！』道濟就要扒上禪牀去，却又不知該橫該竪，因向監寺道：『我初入法門，尚不知怎麽樣坐的，乞師兄教我！』監寺道：『你既不知，我且說與你聽著：

也不立，也不眠。腰直於後，膝屈於前，竪正中，不靠兩邊。下其眉而垂其目，交其手而接其拳。神清而爽，心靜而安。口中之氣入而不出，鼻內之息斷而又連。一塵不染，萬念俱捐，休生怠惰，未免招愆。不背此義，謂之坐禪！』

這道濟聽了這番言詞，心甚恍惚，然已到此，無可柰何，只得勉强扒上禪牀，照監寺所說規矩去坐。初時猶有精神支撑住了，無柰坐到三更時候，精神疲倦，忽然一個昏沈，早從禪牀上跌將下來，止不住連聲叫起苦來。監寺聽見，慌忙進來說道：『坐禪乃入道初功，怎不留心，卻貪著睡，以致跌下來！論起禪規，本該痛責；姑念初犯，且恕你這一次！若再如此，定然不饒！』監寺說完自去。道濟將手去頭上一摸，已跌起一個大肐膖來了，無可柰何，只得掙起來又坐。坐到後來，益發睡思昏昏，不知不覺，又跌了下來。監寺聽見，又進來說了一番。不期道濟越坐越掙挫不來，一連又跌了兩交，跌得頭上七塊八塊的青腫。監寺大怒道：『你連犯禪規，若再饒你，越發怠惰了！』遂提起竹片道：『新剃光頭正好試試！』便向頭一下，打得道濟抱著頭亂叫道：『頭上已跌了許多肐膖，又加這一竹片，肐膖上又加肐膖，叫我如何當得起？我去告訴師父！』監寺道：『你跌了三四次，我只打得你一下，你倒還要告訴師父！我且再打你幾下，免得師父說我責法！』提起竹片，又要打來。道濟方才慌了道：『阿哥！是我不是，饒了我罷！』監寺方冷笑着去了。漸漸天明，道濟走起來頭上一摸，七塊八塊的無數肐膗，連聲道：『苦惱苦惱！才坐得一夜，早已滿頭肐膗，若坐上幾月，這顆頭上，那裏安放得這許多肐膗？眞箇苦惱！只是入了禪門，又不好退悔，且苦苦熬去。』

又熬了兩月，只覺禪門中苦惱萬千，趣味一毫也沒有，因想道：『我來學佛，指望明心見性，有些會悟，今坐在聾聽瞎視中，與土木何異！且在家時，醇醲美酒，香脆佳肴，儘我受用。到此地來，黃菜淡飯，要多吃半碗也不能，如何過得日子，不如辭過了長老，還俗去罷，免得在此受苦！』立定了念頭，急急的跳下禪牀來，往外就走，走到雲堂門首，早有監寺攔住道：『你才小解過，爲何又要出去？』道濟道：『牢裏罪人，也要放他水火，這是個禪堂，就管得怎的緊？』監寺沒法便道：『你出去，須要速來！』道濟也不答應，出了雲堂，一直走到方丈來。那遠長老正在入定，伽藍神早已告知其故，連忙出定，忽見道濟已立在面前，遂問道濟道：『你不去坐禪，來此做甚麽？』道濟道：『上告吾師！弟子實實不慣坐禪，求我師放我還俗去罷！』長老道：『我前日原曾說過，出家容易還俗難。汝既已出家，豈有還俗之理？況坐禪乃僧家第一義，你爲何不慣？』道濟道『老師但說坐禪之功，豈不知坐禪之苦，待弟子細說與老師聽聽：』

坐禪原爲明心，這多時茫茫漠漠，心愈不明。靜功指望見性，那幾日昏昏沈沈，性愈難見。睡時不許睡，强掙得背折腰駝，立時不容立，硬豎的筋疲力倦。向晚來，膝骨伸不開；到夜深，眼皮睁不起。不偏不側，頸項帶無木之枷；難轉難移，身體坐不牢之獄。跌下來，臉腫頭青；扒起時，手忙脚亂。苦已難熬，監寺又加竹片幾下，佛恩洪大，老師救我性命一條！』

長老笑道：『你怎將坐禪說得這苦，此非坐禪不妙，皆因你不識坐禪之妙。快去再坐！坐到妙方知其妙。自今以後，就坐得不如法，我且去叫監寺不要打你，你心下如何？』道濟道：『就打幾下還好捱，只是酒肉不見面，實難打熬。弟子想佛法最寬，豈一一與人計較，今杜撰了兩句佛語，聊以解嘲，乞我師垂鑒！』長老道：『甚麼佛語？可念與我聽。』道濟道：『弟子不是貪口，只以爲一塊兩塊，佛也不怪，一腿兩腿，佛也不嗔，一碗兩碗，佛也不管。不知是也不是？』長老道：『佛也不怪不嗔，任你，豈不自家慚愧？皮囊有限，性命無窮，決不可差了念頭！』道濟不敢再言。

正說話間，聽得齋堂敲雲板，侍者奉上粥來，長老就叫道濟同吃。道濟一面吃，一面看長老碗中，只有些粗糙麪筋，黃酸虀菜，並無美食受用，不勝感嘆，遂口占四句道：『小黃碗內幾星麩　半是酸虀半是瓠　誓不出生

達佛教　出生之後碗中無』長老聽了道：『善哉善哉！汝既曉得此種道理，又何生他想？』道濟道：『不瞞吾師，曉是曉得，只是打熬不過！』長老道：『你來了幾時，坐了幾時，悟了幾時，便如此着急。豈不聞：『月白風清良夜何　靜中思動意差訛　雪山巢頂蘆穿膝　鐵杵成針石上磨』道濟聽了道：『弟子工夫尚淺，願力未深，怎敢便生厭倦，不習勤勞。但弟子自禮師之後，并未曾蒙我師指教一話頭半句偈，叫我道濟日坐在糊塗桶中，豈不悶殺！』長老道：『此雖是汝進道勇猛，但覺太性急了些。也罷也罷，可近前來！』道濟只道有甚話頭吩咐，忙忙的走到面前，不防被長老兜臉的一掌打了一跌，道：『自家來處尚不醒悟，倒向老僧尋去路，且打你個沒記性！』那道濟在地下，將眼睜了兩睜，把頭點了兩點，忽然扒將起來，并不開口，緊照著長老胸前一頭撞去，竟將長老撞翻跌下禪椅來，逕自向外飛奔去了。長老高叫：『有賊有賊！』衆僧聽見長老叫喊，慌忙一齊走來問道：『賊在那裏？不知偷了些甚麼東西？』長老道：『并非是銀錢，也不是物件，偷去的是那禪門大寶！』衆僧道：『偷去甚麼大寶？是誰見了？』長老道：『是老僧親眼看見，不是別人，就是道濟！』衆僧道：『既是道濟，有何難處，待某等拿來，替長老取討！』長老道：『今日且休，待我明日自問他取討罷！』衆僧不知是在義理，大家鶻鶻突突的散去。

卻說這道濟被長老一棒一喝，點醒了前因，不覺心地灑然，脫去下根，頓超上乘。自走出方丈，便直入雲堂中來叫道：『妙，妙，妙！坐禪原來倒好耍子！』遂扒上禪牀，叫著上首的和尚一頭撞去道：『這樣坐禪，妙不妙？』那和尚慌了道：『這是甚麼規矩？』道濟道：『坐得不耐煩，耍耍何妨？』又看著次首的和尚，也是一頭撞去道：『這樣坐禪，妙不妙？』這個和尚急起來道：『這是甚麼道理？』道濟道：『坐得厭煩了，頑頑何礙？』滿堂中衆和尚看見道濟這般模樣，都說：『道濟你莫非癡了？』道濟笑道：『我不是癡，只怕你們倒是癡了！』那道濟在禪牀上口不住，手不住，就鬧了一夜，監寺那裏禁得他住。到次日，衆僧三三五五，都來向長老說，長老暗想道：『我看道濟來見我，何等苦惱，被我點化了幾句，忽然如此快活！自是參悟出前因，故以游戲吐靈機。若不然，怎能彀一旦活潑如此？我且去考證他一番，便知端的。』遂令侍者去撞鐘擂鼓，聚集大衆。長老升坐法堂，先令大衆宣念了一遍淨土呪，長老方宣言道：『我有一偈，大衆聽著：『昨夜三更月甚明，有人曉得點頭燈，　驀然想起當年事，　大道方把一坦平。』長老唸罷道：『人生既有今世，自應有前世與後世，後世未來不知作何境界，姑置勿論。前世乃過去風光，已曾經歷，何可不知？汝大衆雖然根器不同，卻沒有一個不從前世而來，不知汝大衆中，亦有靈光不昧，還記得當時之本來面目者否？』大衆默然，無一人能答。此時道濟正在浴堂中洗浴，聽得鐘鼓響，連忙繫了浴裙，穿上直裰，奔入法堂來，正值長老發問，幷無一個回答，隨卽上前長跪道：『我師不必多疑，弟子在睡夢中，蒙師慈喚醒，已記得當時之事了。』長老道：『你旣記得，何不當大衆之前，將底裏發露！』道濟道：『發露不難，只是老師不要嫌我粗魯！』那道濟就在法座前頭著地，脚向天，突然一個觔斗，正露出了當前的物事來，大衆無不掩口而笑。長老反是歡歡喜喜的道：『此眞是佛家之種也！』竟下了法座，回方丈而去。這些大衆曉得甚麼，看見道濟顛顛癡癡作此醜態，長老不加懲治，反羨嘆不已，盡皆不平！那監寺和衆職事諸僧，到方丈中來稟長老道：『衆職事僧設立禪規，命其持守，今道濟佛前無禮，師旁發狂，已犯禪門正法。今番若恕了他，後來何以懲治他人？望我師萬勿姑息！』長老道：『既如此！單子何在？』首座忙呈上單子，要長老批發。長老接了單子對衆僧道：『法律之設，原爲常人，豈可一概而施？』遂在單子後面批下十個大字『佛門廣大豈不容一顛僧？』長老批完付與首座，首座接了，與衆僧同看，皆默然退去，沒一個不私相埋怨。自此之後，竟稱道濟做顛僧了。正是：葫蘆不易分眞假　游戲應難辨是非。畢竟不知濟顛自此之後，做出許多甚事來？且聽下回分解。』

第五回　有感通唱歌度世　無執著拂棋西歸

話說道濟自翻觔斗，證出本來，那些大衆不叫他道濟，卻都叫他做濟顛了。這濟顛竟將一個顛字認做本來面目，自後穿衣吃飯，痾屎撒尿，都帶著三分顛意。大衆見他攪擾禪堂，都來告稟長老；長老只是安慰大衆，絕不懲治濟顛越發任意，瘋瘋癡癡，無所不爲。有時到冷泉亭上引著一班孩子撥跌戲耍；有時到呼猿洞裏，呼出猿來同在對翻觔斗；有時合著幾個酒鬼，去上酒店唱山歌胡鬧；再無一日安眠靜坐。忽一日，大衆正在大殿上合花燈香燭代施主誦經，濟顛又吃得醉醺醺，手裏托著一盤肉走到佛面前，踏地坐下，口中唱一回山歌，又吃一回肉。監寺不勝憤怒喝道：「這是佛殿莊嚴之地，況有施主在此齋供，你怎敢在此裝瘋攪擾，成何規矩！還不快快走開！」濟顛嚷道：「放屁！我吃肉唱歌，比著施主齋供你們這班禿驢念的還利益許多！怎不逐他們倒來逐我？」監寺見逐他不動，欲稟長老，又因長老屢屢護短，諒來不聽，無可奈何，只得轉央了施主同找長老，將濟顛攪亂佛堂之事細細說了一遍。長老道：「既是這樣，待我喚他來吩咐！」遂命侍者將濟顛喚至方丈來斥說道：「今日乃是此位施主祈保母病平安的大道場，你爲何不發慈悲，反打斷衆僧的工課，是何道理』濟顛道：『這些和尙只會吃齋討襯錢，曉得甚麼焚修！弟子因見施主誠心，故來唱一個山歌兒，代他祈保祈保。可柰那班秃子反來逐我！』長老道『你唱的甚麼山歌兒，就能祈保』濟顛道：『弟子唱的是你若肯向我吐眞心，包管你舊病兒一時好！』長老聽了點點頭兒，衆僧正要上前分說，不道那施主的家裏人慌慌的來報道：『太太的病已好，坐起在牀叫，快請官人回去！』施主聽了，又驚又喜道：『太太臥牀不起，怎地一時便能得好了』家人道：『太太睡夢中，聞得一陣肉香，不覺精神陡長，就似無病一般，竟坐起來！』施主聽了看著濟顛道：『這等想起來，老師正是活佛了。待某拜謝！說還未了，濟顛早一路觔斗，打出方丈，不知那裏去了？正是漫道眞人不露踪，顯然無柰是神通；因愁耳目昭彰去，裝瞎看人又作聾。』

濟顛經此一番，早有人將他的行事，傳到十六廳朝官耳朵裏去。那衆太尉聞他的名兒，都與他往來，當不得他瘋瘋顛顛，終日在頑蠢隊中游戲，這些俗眼又早被他瞞過。忽一日，長老在方丈中閒坐，那濟顛手裏拿著一盞金燈，引著許多小孩子，敲著小鑼，打著小鼓，亂叢叢的跟著濟顛，濟顛口裏唱著山歌兒，一同舞進方丈來。長老道：「濟顛！你怎這等沒正經，吵鬧此清淨禪堂，惹得大衆說長說短，連累老僧受氣！」濟顛道：「我師不可聽信這班賊禿胡言私語，這禪堂原是清淨弟子，何嘗吵鬧？今日是正月半，元宵佳節，難逢難遇的！弟子恐辜負了好時光，故作樂耍耍，此乃人天一條大路，可來可去，與這班賊禿有甚相干？卻只管來爭尋吵鬧，望我師作主！」長老道：「你們是是非非，也不耐煩管。今日既是正月半，不可無一言虛度！」遂令侍者撞鐘擂鼓，聚集衆僧都到法堂上，焚香點燭，長老升座念道：「大衆聽著!

正月半,是誰判?忽送一輪到銀漢。鬧處摸人頭,靜處著眼看。從來虛空沒邊岸,相呼相喚去來休看。取明年正月半?

長老念罷,正要下法座,濟顚忙立前道:『我師且少待,弟子有數言續於后:

正月半,莫要算!一算便要立公案。兩年爲甚一年期,一般何作兩般岸?今年尙是好風光,只恐明年是彼岸。』

長老遂令侍者,將語錄抄了,報告諸山,纔下法座。大衆不知其意,都擁著濟顚來問,濟顚早一個觔斗,又打出山門去了。卻說這遠長老原是個大智慧的高僧,見濟顚擧動盡合禪機,自己的衣缽有傳,故放下念頭隨緣度去。

時光迅速,不覺過了一年,又値正月半,忽臨安府知府來拜長老,比請入方丈中相見禮畢。長老道:『相公今日垂顧,不知爲了何事?』知府道:『

并無別事，只因政務淸閒，特來領禪師大教！』長老道：『旣是相公有此閒情，請同到冷泉亭上去下盤棋子何如？』知府道：『知己忘言，手談更妙！』二人遂攜手，同到冷泉亭上來，排下棋局，分開黑白，欣然到著一局，尙未終，只見衆侍者紛紛來報說：『諸山各刹方丈中的長老都到了！』說猶未了，又有侍者來報道：『佛殿上，十六廳的朝官都來了！』長老驚問道：『爲何今日大衆都來？』侍者道：想是吾師去年正月半升法座時，曾有『相呼相喚去來休，看取明年正月半。』的語錄，抄報諸山，故衆人認了眞，盡來相送。』長老笑道：『我又不死，來做甚麽？』侍者道：『我師旣尙欲慈悲度世，何不作一頌，打發大衆囘去？』長老想了一想道：『旣是衆人都來了，怎好叫他囘去！』就對知府道：『相公請囘罷！老僧不得奉陪了。』遂立起身來，將棋子拂了一地，口中念道：『一局殘棋猶未了，又被彼岸請涅槃。』長老遂囘方丈洗了浴，換了潔清衣服，走到安東樂堂椅上坐下。此時諸山和尙幷一應人等，皆來擁著長老，叫人去尋濟顛來。衆人去尋了半晌，那裏見濟顛影兒。長老道：『既尋他不見也罷了！只是貧僧衣鉢無人可傳，必須他來方好！』衆僧道：『我師法旨留與濟顛，誰敢不遵？』長老道：『還有一事，下火亦必要濟顛，不可違了！』說罷，遂合眼垂眉坐化而去。衆僧正在悲痛，忽見長老養熟的冷泉亭後那個金絲猴，忙忙的跑將來看著長老靈座繞了三匝，哀鳴數聲，立地而化。衆僧盡皆驚異！方知這長老道行不凡，但不見濟顛囘來，多紛紛議論，都說：『長老待他甚厚，濟顛卻將長老待得甚薄，不知是何緣故？』只得令龕子將長老盛了。

守候了五七日，幷不見濟顛囘來，大衆等不得，將要抬龕子舉殯，只見濟顛，一隻腳穿著一隻蒲鞋，一隻手提著草鞋，口裏囉哩囉哩的唱著，不知唱些甚麽從冷泉亭走入寺來。衆僧迎上前找說道：『你師父何等待你，今日圓寂了，虧你忍心竟不來料理，大衆等你不得，今日與師父舉殯，專望你來下火，你千萬不要又走了別處去！』濟顛笑道：『師父圓寂有所不免，有甚麽料理用著我，若要我哭，我又不會。今日下火，那師父之命，我自然來的，何消你們空著急！』一轉說得大衆沒能開口，那時衆僧鐘鼓喧天，經聲動地，簇擁著龕子，抬到佛圓化局松柏亭下，解了扛索，請濟顛下火。濟顛乃手執火把道：『大衆聽著

師是我祖我是師孫。著衣吃飯，盡感師恩。臨行一別，棄義斷恩。火把在手，王法無親。

咦！與君燒卻臭皮囊，換取金剛不壞身。

唸罷，舉火燒著龕子，烈焰騰騰，燒得舍利如雨，火光中忽現出遠瞎堂長老

看著濟顛道：『濟顛濟顛！雖由你，只不要顛倒了佛門的堂奧！』又對衆人道：『大衆各宜保重！』說完，早化陣清風而去。衆人看得分明，無不驚異！事畢，各各散去。

衆僧齊對濟顛道：『如今師父死了，禪門無主，你是師父傳法的徒弟，須要正經些，與師父爭口氣。』濟顛罵道：『你見我那些兒不正經？要你們這般胡說！』衆僧道：『你一個和尚囉哩囉哩的唱山歌，是正經麼？』濟顛道：『水聲鳥語，皆有妙音，何況山歌？難道不唱山歌，念念經兒就算正經？』衆僧道：『你是個佛家弟子，與猴犬同羣，小兒作隊，也是正經麼？』濟顛道：『小兒全天機，狗子有佛性。不同他游戲，難道倒伴你這班袈裟禽獸胡混麼？』衆僧見他說的都是瘋話，便多不開口。卻是首座道：『閒話都休說了。獨是師父遺命，叫將衣鉢交付與你，你須收去。』濟顛道：『師父衣鉢，我久已收了。這些以外的物件，要他何用？』首座道：『這是師父嚴命，如何違得？你縱不要，也須作個著落。』濟顛道：『既是這樣說，且抬將出來看。』首座叫侍者，將盛衣鉢的箱子龕子，都抬到面前放下。濟顛道：『既是老師父遺物，凡在寺中的和尚都有分，須齊集了一同開看，方見公道。』首座道『這是師父遺命傳與你的，你便收去罷了。何必又炫人耳目？』濟顛道：『你不要管，且叫衆人同看明白了，再作道理。』首座只得叫人撞鐘擂鼓，將合寺大衆聚將攏來。濟顛遂將箱籠一齊打開，叫衆僧同看，只見黃的是金，白的是銀，放光的是珊瑚，吐彩的是美玉，艷麗的是袈裟，温軟的是衲頭，經兒，典兒，是物皆存，鏡兒，磬兒，無般不有。衆僧見了，一個個眼中都放出火來，只礙著老師父是傳與濟顛的，不好開口來爭，大家都睜著眼睛看。那首座便對濟顛道：『濟師兄，我有句話兒替你說，你且聽著！』不知首座怎的說來？且聽下回分解。

第六回　掃得開突然而去　放不下依舊再來

卻說那首座對著濟顚說道『濟師兄！這些衣鉢，原是老師父傳與你的，你若收去，就不必說，若是不要，還是存在常住裏公用，還是派勻了分與衆僧？』濟顚道：『我卻要他何用？常住自有，何消又存？既與衆僧，誰耐煩去分他？不如儘他們搶了去，倒還爽快些！』那些衆和尙聽說一個搶字，便一齊動手。你搶金子，我搶銀子，打成一團，我拿袈裟，你拿衲頭，攪做一塊；也不管誰是師父誰是徒弟，直搶得扒起跌倒，爭奪個不成體統。濟顚哈哈大笑，只揀搶得多的光頭上去鑿栗爆。那些和尙任他打鑿，只是亂搶，一時刻搶個精光。濟顚道：『快活！快活！省得留遺在此，作師父的話柄！』卻又瘋瘋顚顚，到各處玩耍去了。

且說臨安各寺有個例頭，凡是住持死了，過了數日，首座便要請諸山的僧衆來會湯，以就商議別請長老住持之事。那一日靈隱首座請了各山僧衆，照例會湯。提起濟顛行事，那首座道：『這濟顛，乃是遠長老得意弟子，任他瘋瘋顛顛，再也不管。今不幸長老西歸，這濟顛心無忌憚，越發昏得不成樣子！倘請了新長老來，豈不連合寺的體面都壞了？敢求列位老師勸戒他一番，也是佛門中好事！』衆僧道：『這個當然，快著人請了他來！』監寺遂著人分頭去尋，直尋到飛來峯牌樓下，方見他領著許多小兒，在溪中摸鵝卵石頭耍子。侍者叫道：『今日首座請諸山僧衆會湯，那處不曾尋得你，倒在此！』濟顛道：『既是會湯，定然是請我吃酒，快去快去！』便撇下了衆小兒，同侍者一逕走入方丈來，只見衆僧團團空坐著，并無酒食。濟顛哈哈大笑道：『我看著這班和尚泥塑木雕般坐著，這方丈竟弄成個子孫堂了！

』衆僧正要開口勸他，不道他戲顛顛的開口便唐突人，反不好說得。還是首座道：『你且莫瘋！師父死了，你須與師父爭口氣才是！』濟顛道：『若要我與師父爭氣，把你這些不爭氣的和尚，都趕了出去方好！』首座道：『衆僧奉佛法，日夕焚修，有何不好，你要趕逐？』濟顛道：『且莫說別事，只你們方才會湯吃酒，怎就不叫我一聲？難道我不是有分的子孫？』首座道：『非是不叫你，今日是寺中的正事，尋了你來，未免發瘋攪亂，豈不悞了我們的正經？』濟顛道：『看你這一班禿驢，只會弄虛文裝假體面，做得甚麼正事？長老才死得幾日，就有許多話說。總是與你們冰炭不同爐，我去罷，拚著這座叢林，憑你們敗落了罷！』遂走到雲堂中，收拾了包袱，拿了禪杖，與諸山和尚拱一拱手道：『暫別暫別！』又走到師父骨塔邊，拜了幾拜道：『弟子且去再來！』拜罷，頭也不回，大踏步走出了靈隱寺。

來到西湖上，過了六安橋，見天色已晚，就投淨慈寺，借宿了一宵。次早，到浙江亭上，趁了江船，取路回台州，一逕到母舅王安世家來。王家見了外甥，合家道喜。濟顛先拜見了舅舅舅母，又與王全哥嫂都相見了，方才坐下。王安世問道：『聞得你在靈隱寺做了和尚，不道身上弄得這般模樣了！』濟顛道：『出家人隨緣度日，要好做甚！』母舅道：『不知你在寺中怎的過日子？』濟顛道：『也不看經念佛，只是信口做幾句歪詩，騙幾碗酒吃，過一日便是一日。』母舅道：『你既要喫酒，何不住在家中？』濟顛道：『家中酒雖好喫，只覺得沒禪味！』那母舅見他身上破碎，明日就叫人做了幾件新衣與他。濟顛那裏肯穿，只說舊衣穿得自在，惟有叫他喫酒，再不推辭。閒來，便到天台諸寺去遊賞，得意時，隨口就做些詩賦耍耍。

光陰易過，不覺已過一年。忽一日，對母舅道：『我在此躭擱已久，思著杭州風景，放他不下，我還去看看。』母舅道：『你說與本寺僧不合，不如住在這裏罷。』濟顛道：『這個使不得！』遂朗吟四句道：『出家又在家　不如不開花　一截做兩截　是差不是差』母舅舅母曉得留他不住，只得收拾些盤纏付與濟顛。濟顛笑道：『出家人隨緣過日子，要銀錢何用？』遂別了母舅舅母并王全兄嫂。依舊是一個包袱，一條禪杖，趁了江船。行到浙江亭上了岸，心裏想道：『我本是靈隱寺出身，若投別寺去，便不像模樣。莫若仍回靈隱去看這夥禿驢如何待我？』算計定了，一逕的走到飛來峯，望著山門，走入寺來。早有首座看見叫道：『濟公！你來了麼？如今寺中請了昌長老住持，甚是利害！不比你舊時的師父，須要小心！』濟顛道：『利害些好！便不怕你們欺負我了。』首座道：『你不犯規，誰欺負你。』遂同濟顛到方丈來，拜見長老。首座稟道：『此僧乃先住持的徒弟道濟，因游天台去了，今日才回。』昌長老道：『莫不就是喫酒肉的濟顛麽？』濟顛應道：『正是弟子！向日果然好喫幾杯酒兒，於今酒肉都戒了。』昌長老道：『既往不咎！若果戒了，可掛名字，收了度牒，去習功課。』濟顛答應了，遂朝夕坐禪念經，有兩個多月并不出門。

不期時值殘冬，下起一天大雪來，身上寒冷，走到香積廚下來向火，露出一雙精腿。那火工心上看不過，說道：『你師父留下許多衣鉢與你，你倒叫衆人搶去。如今這般大雪，還赤著兩隻精腿，卻有誰來顧你？』濟顛道：『冷倒不怕，只是熬了這多時不喫酒，眞個苦惱了！』火工見他說得傷心，便道：『你若想酒喫，我倒有一瓶在此；請你喫也不打緊，只是恐怕長老曉得了要責罰！』濟顛道：『難得阿哥好情！我躲在灶下略喫一碗，長老如何得知？』火工見他眞個可憐，遂取出酒來，篩了一碗與他。濟顛接上手，三兩口便喫完了，讚道：『好酒好酒，賽過菩提甘露，怎的再得一碗便好！』火工見他喉急，只得又篩了一碗與他。他咂咂嘴又乾了，只嫌少。火工沒法，只得又篩了一碗。濟顛一連喫了三碗，還要想喫。火工忙將酒瓶藏過，說道：『這酒是久窨的，不能多吃，這三碗，只怕你要醉了。如今雪住了，你倒不如瞞著長老，出外去走走罷。』濟顛道：『說得有理。』遂悄悄的走出寺來。

剛離得山門幾步，恰撞見飛來峯牌樓下的張公，迎著問道：『聞你已回寺，緣何好久不見？』濟顛跌腳道：『阿公！說不盡的苦！你知道我是散淡慣的，自台州回來，被長老拘束得一步也不許出門！今日天寒，感得火工好意，請我喫三碗酒，只是不彀，故私自出來尋個主人。』張公道：『不如且到我家去吃三杯，再去尋別的，何如？』濟顛道：『阿公若肯請我，便是主人了，何必再尋？』大家說得笑了一回，走到飛來峯下，那張婆正在門前閒看，看見張公領了濟顛到來，千歡萬喜的道：『和尚如何一向不見？請裏面去坐！』張公道：『閒話慢講，且快去收拾些酒來喫要緊！』張婆道：『有，有，有！』忙到廚下去，漉了兩碗豆腐，燙出了一壺酒，擺在桌上，叫兒孫篩酒與和尚張公兩個對酌。濟顛道：『難得你一家都是好心，如何消受！』張婆道：『菜實不堪，酒是自家造的，和尚只管來喫不妨。』濟顛謝了。你一碗，我一碗，大家喫了十五六碗，濟顛曉得有些醉意，叫聲聒噪，便要起身。張婆道：『現今長老不許你喫酒，如今這般醉醺醺的囘去，倘被長老責罰，連我們也不好看！倒不如權在此過了夜，待酒醒了囘去罷。』濟顛道：『阿婆說得是！』是夜就在張公家，同他兒子過了一夜。

次早起來，見天色晴了，想一想道：『我囘去一毫無事，多時不曾進城，許多好朋友都生疏了，今日走去各家望望也好。』遂別了張公，一逕望岳墳大路來。忽撞見兩對頭踏，呼喝而來，濟顛立在旁邊一看，恰正是相好的王太尉。濟顛就走到路心，攔著轎子道：『太尉何往？』太尉看見是濟顛，吩咐住轎，走下來相見了，問道：『下官甚是念你！爲何多時不見？』濟顛將囘天台之事，細細說了一徧。太尉道：『今日下官有事要往天竺去，不得同你囘去。你明日可來我府中走一次，下官準在家中候你。』濟顛道：『多謝！多謝！』太尉依舊乘轎而去。濟顛遂走入錢塘門，一逕望炭橋河下沈提點家來。到了沈家，早有守門的出來，看見是濟顛，忙道：『裏面請坐！我家官人甚想念你，不期他昨日出門，今日尚未囘來，請師父坐坐，待我去尋他囘來。』濟顛道：『你去尋他，不如我去尋他。』正要轉身，不期長空又飄下幾點雪來，一時詩興發作，遂討筆硯，在壁上題了一首臨江仙的詞兒：『凜洌彤雲生，遠浦長空，碎玉珊珊，梨花滿月，泛波瀾水深，鰲背冷，方丈老僧寒渡口，行人嗟此境金山變作銀山，瓊瑤玉殿水晶盤，王維稱善畫，下筆也應難。』題完了，又想道：『這等寒天大雪，他昨夜不歸家，定然在漆器橋小腳兒王行首家裏歇宿，等我去尋他來。』遂離了沈家門首，竟望漆器橋來。正是：俯仰人天心不愧，任他酒色又何妨。畢竟濟顛到王行首家，又做出甚麼事來，且聽下回分解。

第七回　色迷情禪心愈定　酒醉性大道偏醒

卻說濟顛一直走到王行首家來，那娘子正站在門首。濟顛問道：『沈提點在你家中麼』娘子道『沈相公昨夜來的，方才起來去洗浴了。你要會他可到裏面去坐一會兒等他。』濟顛道：『既是就來，我便進去等他一等。』遂一直的上了樓，到王行首房裏一看，靜悄悄的，王行首尚未起來。濟顛走到牀前輕輕的揭開了暖帳，見那王行首仰睡著，正昏昏沈沈的夢覺。

濟顛在踏板上，取起一隻小繡鞋兒揭開了錦被，輕輕的放在他陰戶之上，遂折轉身走下樓來，卻好正撞著沈提點洗浴回來便叫：「濟公！久不見你，甚是想念，今日卻緣何到此？」濟顛道：「我自天台回來，特到你家問問說你昨夜不曾回家。我猜定在這裏，故此特來尋你。」沈提點道：「來得好！且上樓共喫早飯。」此時王行首已驚醒了，見陰戶上放著一隻繡鞋正在那裏，究問娘子是誰上來過？娘子道：「再無他人必是這濟和尚！」忽見沈提點同濟顛走進房來，王行首看看濟顛笑道：「好一個出家人，怎麼嫌疑也不避這等無禮！」濟顛道：「幷非僧家無禮，卻有一段因緣。」王行首道：「明是胡說，有甚因緣？」濟顛道：「你才夢中曾見些甚麼？」王行首道：「我夢見一般惡少年，將我圍住不放。」濟顛道：「後來怎麼了？」王行首道：「我偶將眼一閉，就都不見了。」濟顛道：「卻又來這豈不是一段因緣？」遂取紙筆，寫出一首臨江仙的詞兒來道：『蝶戀花枝應已倦，睡來春夢昏昏衣衫卸下不隨身，嬌癡生柳祟唐突，任花神故把繡鞋遮洞口，莫教覺後生嗔，非干和尙假温存，斷出生死路，絕卻是非門。』沈提點看了大笑道：『卻原來是這段因緣，點醒了你一場春夢，還不快將酒來，酬謝濟師美意？』正說間，娘子托了三碗點凍酒來，每人一碗。濟顚喫了道：『酒倒好，只是一碗不濟事。』王行首道：『這一碗我不吃，索性你喫了罷。』濟顚拿起來又喫了，娘子又搬上飯來，三個人同喫了。濟顚叫一聲：『多謝！多謝！』就要別去。沈提點道：『得便時，千萬到我家來走走，我有好酒請你！』說罷別了。

濟顚想著：『王太尉約我今日去，且去走一遭。』就一逕從清和坊走來。行到昇陽宮酒樓前，忽見對門一個豆腐酒店喫酒的人，甚是鬧熱。又見天上將飄落雪花兒下來，因想道：『我方才只喫得兩碗酒，當得甚事？不如止在這店中買幾碗喫了再去。』遂走進店中，檢一個座頭坐下，酒保來問道：『師父喫多少？』濟顛道：『隨便拿來，我且胡亂喫些。』酒保擺上四碟小菜，一盤豆腐，一壺酒，一副碗筷。濟顛也不問好歹，篩起來便喫，須臾之間，喫完了一壺。覺得那酒又香又甜，叫酒保再燙一壺來，又喫完了。再叫酒保去燙，酒保道：『我家的酒味道雖好，酒性甚醇；憑你好量，也只好喫兩壺，再多就要醉了。』濟顛道：『喫酒不圖醉，喫他做甚？不要管他，快去取來！』酒保拗他不過，只得一瓶一瓶，又送了兩壺進來。濟顛盡興喫完，立起身來要去，怎柰身邊實無半文。一雙眼睛只望著門前，等個施主，等了半晌，并沒個相識的過。酒保又來催會鈔，濟顛沒法，只得說道：『我不曾帶來，容我賒出再送來罷。』酒保道：『這和尚好沒道理！喫酒時一瓶不罷，兩瓶不休，遲了些就發言語！這時會起鈔來，就放出賒的屁來！』濟顛道：『我是靈隱寺的僧人，認得我的多；略等等，少不得有人來代我還你。你再不放心，便隨我去，取了何如？』酒保道：『我店中生意忙，那有許多工夫？倒不如從直些，脫下這破直綴來，當了，省些口舌！』濟顛道：『我是落湯餛飩，只有這片皮包著，如何脫得下來？』兩下正在門首拖扯，不期對門昇陽宮樓上早有一個官人看見，便叫跟隨的道：『你去看那酒保扯住的和尙——好似濟公。可請了他來。』那跟隨的忙到對門一看，果是濟顛，忙道：『官人請你！』濟顛見有人請，才定了心，對酒保道：『何如？我說認得我的多，自有人來替我還。快隨我來！』酒保無奈，只得同到對門樓上來。一看不是別人，卻是沈提點的兄弟沈五官，同著李提點兩個。濟顛道：『你們在此喫得快活，我卻被酒保逼得好苦！若再看見遲些，我這片黃皮已被他剝去了！』兩個聽了，都大笑起來。沈五官吩咐家人，將錢打發了酒保。濟顛道：『多謝哥哥替我解了這結！』

沈五官道：『雪天無事，到此賞玩，正苦無人陪吃，你來得恰好！可放出量來痛飲一回！』濟顛道：『酒倒要吃，只因被他拖扯了這一回，覺得沒興！我且做首詩解嘲解嘲。』遂信口念道：『見酒垂涎便去吞，何曾想道沒分文；若非撞見龐居士，扯去拖來怎脫身？』二人聽了大笑道：『解嘲得甚妙！但不知此時還想酒吃麼？』濟顛道：『這樣天寒，怎不想他？』又朗吟四句道：『非予苦苦好黃湯，無柰篩來觸鼻香；若不百川作鯨吸，如何潤得此枯腸？』沈五官道：『你說鯨吸百川，皆是大話；及到吃酒時，也只平常。』濟顛道：『這是古人限定的，貧僧如何敢多飲？』又朗吟四句道：『曾聞昔日李青蓮，斗酒完時詩百篇；貧僧才吟兩三首，如何敢在酒家眠？』二人聽了又大笑道：『這等算起來，酒量到被做詩拘束小了！我們於今不要你做詩，只是吃酒，不知你還吃得多少？』濟顛道：『吃酒有甚麼底止？』又吟四句道：『從來酒量無人管，好似窮坑塡大海；又同筆車臥江邊，一碗一碗復一碗。』沈五官見濟顛有些醉意，私下同李提點算計道：『這和尚酒是性命了，不知他色上如何？今日我們也試他一試看。』便叫當値的去喚了三個唱的來，每人身邊坐一個。沈五官道：『濟公！我見你酒雖吃，詩雖做，終是孤身冷靜。今特請這位小娘子來陪你，你道好麼？』濟顛連聲道好道好，遂又朗吟四句道：『不是貪杯併宿娼，風流和尙豈尋常；袈裟舊是徽蒸氣，今日新沾蘭麝香。』沈五官見濟顛同娼妓坐著，全無厭惡之心，因戲對濟顛道：『這裏是酒樓不比人家，濟公便同這位娘子到房裏去樂一樂也無妨！』李提點又慫慂道：『濟公既勇於詩酒，又何辭於此？』濟顛笑一笑道：『我是肯了，只怕還有不肯的在！』又朗吟四句道：『燕語鶯聲非不妍，柳腰花貌最堪憐；幾囘欲逐偷香蝶，爭奈禪心似鐵堅。』沈五官道；『好佳作！濟師雖是如此，但陰陽交媾是人生不免的，出家人也該嘗一嘗滋味。』濟顛也不復辯，又朗吟四句道：『昔我爺娘作此態，生我這個臭皮袋；我心不比父母心，除卻黃湯都不愛。』濟顛吟罷，大家歡笑，叫人重燙熱酒，說說笑笑直吃到天晚，方才起身。李提點先別去了，沈五官打發了唱的，對濟顛道：『今日晚了，你囘寺不及，我同你到一個好處宿罷。』此時濟顛醉了，糊塗答應。沈五官叫從人扶著他，一逕到新街上劉行首家來。虔婆接著沈五官，十分歡喜，又問道：『官人如何帶這個醉和尚來？』沈五官道：『晚了囘寺不及，故同來借宿。你若不嫌他是和尚，便著別人陪他也好。』虔婆笑道：『這個何妨？』便喚出兩個女兒來相見，就叫安排酒肴。沈五官道：『我們已醉，不消得了。』虔婆吩咐大姐同濟顛去睡，二姐陪五官去睡不題。

卻說大姐見濟顛醉了，閉目合眼的坐在堂中椅子上不動，只得上前笑嘻嘻的叫道：『醉和倘！快到房中去睡了罷！』濟顛只是糊糊塗塗的。大姐叫了半晌不動，只得用手去攙了起來，慢慢的扶入房中去。濟顛到底不醒，大姐沒法，只得又將他扶到牀上去。濟顛也坐不定，竟連衣睡倒。大姐見他睡得不堪，遂扯他起來，替他解帶子，脫衣裳，推來推去，不一時，早把濟顛的酒弄醒了，睜開眼來，見是一個妓女在身上替他脫衣服，叫一聲：『啊喲！這是那裏？』大姐笑道：『這是我的臥房。是沈五官送你來的，你醉了，叫我費這許多力氣，快快脫了好同睡。』濟顛看了急道：『罪過罪過！』忙忙的立起身來，開了房門，往外就走。大姐討了個沒趣，只得自去睡了。那濟顛走出房門，聽一聽，外面才打二更，欲要開門走出去，恐被巡更的捉住。忽看見春檯旁邊有個大火箱，用手摸一摸，餘火未盡，還有些煖氣，便扒上去放倒，頭和衣睡了。到了五更後，聽見朝天門鐘响，忙扒起來，推窗一看，月落星稀，東方早已發白。想起夜來之事，不禁大笑！看見桌上有現成的紙筆，遂題一絕道：『牀上風流牀上緣，爲何苦得口頭禪；昨宵戲就君圈套，白捨虔婆五貫錢。』題畢，舉眼看見桌上還放著昨夜取進來未曾吃的一壺酒在旁邊，移到面前，聞一聞，馨香觸鼻，早打動了他的酒興，也不怕冷，竟對著壺嘴，一吸一吸的吃乾淨了。自覺好笑，又題一絕道：『從來諸事不相關，獨有香醪眞個貪。淸早若無三碗酒，怎禁門外朔風寒。』濟顚題畢，遂拽開大門，一逕去了。

虔婆聽得門响，急得忙起來，到內堂一看，只見臺上一壺酒只剩了空壺，惟留下一幅字紙，不知何故。走到房裏去看，和尙也不見，大姐獨自倘睡著，尙未曾醒。虔婆叫醒了，問他夜來之事。大姐道：『那和尙醉得不堪，故我將錯就錯，扶引他上牀。誰想他醒了，竟跑出房去，倒叫我羞答答的不好開口。不知他後來便怎的過這一夜？』正說間不覺沈五官也起身同了二姐來到看濟顛；問知這些原故，又看了所題的二首詩，嘖嘖的贊道：『德行如此，方不枉了做個出家人。怪不得十六廳朝官，都敬重他眞個是道高龍虎伏德重鬼神欽』沈五官亦辭別出門。不知後事如何？且聽下回分解。

第八回　施綾絹乞兒受恩　化鹽菜濟公被逐

却說濟顛在劉行首家住了一夜，不像模樣，故起個早，踏著凍，走出了清波門。思量身上又寒，肚裏又飢，不若到王太尉家去討頓早飯吃了再算計，遂一逕望著萬松嶺一路走來。打從陳太尉府前走過，那門公見了，就邀住了說：『師父那裏去？我家老爺甚是想你，且坐坐去！』慌忙進去通報了。太尉走出廳上，請濟顛相見。濟顛忙上前問訊。太尉道：『如何久不相見？』

濟顚道：『自從遠先師西歸，受不過衆和尙的氣，囘天台去了年餘。囘來，就要來望太尉，又被新長老拘束得緊。三日前承火工的好情，私下與我吃了三碗；吃得興動，故此瞞了長老，私自出來了兩日。今日就便來望望太尉。』太尉道：你空心出來，必定肚飢了。叫取湯來！』濟顚道『貧僧湯倒不消。』太尉笑道：『不要吃湯，想是要吃酒了！』遂叫當値的整治了許多酒肴出來。濟顚也不作客氣，竟大啖大嚼，一連吃了十五六碗酒，道『彀了！彀了！且別太尉囘寺去。』太尉道：『你腹中雖然飽了，我看你身上穿這件破直綴，又赤條條的露兩隻精腿，豈不著怕冷？濟顚道：『冷是冷，但這個頑皮袋，沒甚要緊，且自由他！』太尉道：『你雖如此說，我倒替你看不過！我今送你一疋綾子，一個官絹，一兩銀子，做裁縫錢，你去做件衣服穿穿。』濟顚道『一個窮和尙，穿著綾絹衣服，甚不相宜；但是太尉的一番好意，不好拂得，只得領受了。』太尉叫人取出來，付與濟顛。濟顛道：『貧僧受了太尉這等厚惠，何以報答？也罷，太尉明年上冬有一大災，我替你消了罷！』因向太尉討出一個香盒并紙筆來，在紙後不知寫些甚麼，放入盒內，封蓋好了，親自付與太尉道：『可將此盒供奉在佛座之前，倘明年有災時，可開來看，照字而行，包管平安！』此時太尉也還似信不信。不期到了明年上冬，太尉忽染一個癰背，大如茶甌，痛不可忍，百醫不效，忽想起濟顛封的香盒來，忙取出開看，卻正是一個醫背的方兒。那太尉如法醫治，便立見功效，方知濟顛是個神僧，此是後話不提。

卻說濟顛得了綾絹銀兩，拜別了太尉出門，正要回寺，才走下萬松嶺，看見五六個乞兒，凍倒在那裏，號寒泣冷。濟顛甚是不忍道：『苦惱子！苦惱子！人都怕我身上寒冷，誰知又有寒冷過我的？可憐可憐！』遂走近前問道：

『你們凍倒在此，可要人周濟麼？』衆乞兒聽見周濟二字，都拚命扒起來，看時，卻是個窮和尚，身上襤襤褸褸，也同我們差不多的人兒，嘆了一口氣，又都睡倒。濟顛道：『我問你們要周濟不要，怎的看我一看不做一聲，又困倒了？』衆乞兒道：『我們飢寒如此，怎麼不望人周濟？但看你這個和尚，窮得與我們也差不多，說甚麼大話！』濟顛道：『難怪你們凍得這般模樣，原來一味的欺人！我雖是個窮和尚，却有那財主的貨物在此。』遂在懷中取出綾子官絹，袖子裏摸出這一兩銀子，拏在手中道：『這不是麼？』衆乞兒見了，便都不怕寒冷，一齊扒起來，圍著濟顛道：『老師父！你身上單薄薄的，難道不留些自己做衣穿，都捨與我們麼？』濟顛道：『我若自要做衣穿，又叫你們做甚麼？但是這綾絹，你們不合用，可拏到城裏市上去換些布疋，分勻了做衣裳方好。』說罷，將綾絹銀兩，一齊付與衆乞兒，自己竟回靈隱去了。

衆乞兒歡歡喜喜，俱道是活佛出現，救度衆生，忙忙入城去換布不提。

却說那濟顛回寺，剛進得山門，就撞見了首座問道：「你連日不見，長老甚是查問！你卻在何處？」濟顛道：「我被長老拘束得苦了，熬不過，故走出寺，去耍子耍子。不瞞你說，我連日在昇陽樓吃酒，新街裏宿娼。」首座大怒道：「罷了！罷了！一個和尚吃酒，已是犯戒，怎麼又去宿娼？快到方丈去與長老說個明白，省得後來連累我。」就一把把濟顛拖進方丈來，稟上長老道：「濟顛不守禪規，私自逃出飲酒宿娼，理當責罰！」長老問濟顛道：「你果有此事麼？」濟顛道：「不過一時游戲，怎的沒有？」長老道：「別事可游戲，宿娼如何也游戲得？」命侍者打他二十。侍者領命，將濟顛拖翻在地，揭起直裰，不期濟顛未穿褲子，將身子一扭，早露出前面那件物事來，倒引得衆僧掩口而笑。長老看見，遂問首座道：「這厮出家釋子，怎如此無禮，一些規矩也不知？』首座道『這都是先師護短，道他瘋顛，縱容慣了，因此一味放肆！』長老道：『他旣瘋顛，打他也無益，且放他起來，饒他去罷。』濟顛得放，跳起身來，走出方丈，呵呵大笑道『你們這般惡禿驢，拖我去見長老，指望打我，長老有情，卻又不打我，只覺拖得沒趣！你若是個好漢子，須替我跌三交！』衆僧道：『你是個瘋子，誰來睬你？』濟顛道：『你這般賊牛只會說寡嘴，卻又怕我！』自此益發瘋瘋顛顛，在寺攪亂。

衆僧都紛紛的來與長老算計，要逐他出寺。長老道：『他雖則瘋顛，卻是先師傳衣鉢的徒弟，怎好無端逐他？』監寺道：『我有一計，使他自己安身不牢，如何？』長老問：『是甚麽計較。』監寺道：『先年寺中原有個鹽菜化主，每日化來供給公用，因這個職事最難料理，無人承當，故此廢了。長老何不委他做個化主，叫他日日去化？他若化不來，自然怕羞，沒嘴臉回寺了。

』長老道：『此計雖妙，只怕他不肯承當。』監寺道：『這個不難，他最貪酒，只消請他吃個快活，再無不承當之理。』長老聽了，叫衆僧備酒，一面叫侍者尋了濟顛來。濟顛走入方丈，見了長老，長老道：『衆僧買酒在此請你。』濟顛道：『衆僧與我都是寃家，今日爲何肯發此菩提心請我？必有原故，求長老說明了好吃。』長老道：『我初到此住持，不曉得前邊的事體。衆僧俱說先年寺中原有個鹽菜化主，化來供給，近來無人，故此常住淡薄。今欲仍舊立一化主，十方去化，要你開一疏頭，因此買酒請你。』濟顛道：『這個不難，落得吃的；吃得快活，文章做得快當！』長老道：『既是請你，自然儘你吃。』遂令行童取出酒食，排在他面前，放下一隻大碗。濟顛大笑道：『每日瞞著長老，只覺吃得不暢；今日長老請我，才吃得俏皮！』拿起碗來，一上手吃了二三十碗，還不肯住手。長老道：『酒雖吃，疏頭也要做，休得醉了悞事！』

濟顛道：『不難不難！快取筆硯來，待我做了再吃罷！』侍者卽排上文房四寶，攤開册子，濃濃的磨起墨來。濟顛也不思索，提起筆來寫道：

伏以世人所急，最是飢寒，性命相關，無非衣食。有一絲掛體，尙可經年無數粒充腸，難挨半日。若無施主慈悲，五臟內便東顛西倒，倘乏檀那慷慨，方寸地必忍凍吞飢。持齋淡薄，但求些些鹹味嘗嘗，念佛飢腸，只望些些酸菜嗒嗒。欲休難忍，要買無錢，用是敬持短疏，徧叩高門；不求施捨衣糧，但只化些鹽菜。若肯隨緣，雖黃葉亦是菩提；倘能喜捨，縱苦水，莫非甘露。莫道有限蘿蔬，不成善果，要知無邊海水，盡是福田。若念和尙苦惱子，早發宰官歡喜心。總算來，一日三十貫財，供入常住；遠看去，終須有無量福，徧滿十方。非是妄言，須當著力！謹疏。

濟顛寫完，呈上長老看了，喝采道：『妙文！妙文！』叫行童再取酒來篩，濟顛心下快活，又吃了十來碗。

正在興頭上，長老道：『你這疏頭，實是做得巧妙！今一客不煩二主，更請你做個化主罷。』濟顛道：『我是瘋子，如何做得化主？』監寺接口道：『濟師兄！長老託你，你休要推辭！你認得十六廳朝官，十八處財主，莫說一日八貫，便是八十貫，也化得出來。』濟顛道：『我認得朝官財主，原只好騙他些酒吃吃，如何化得動他的錢鈔？』長老道：『你且胡亂化半年三個月，我再著人代你罷。』濟顛此時已吃得醺醺然，便道：『我吃了你們的酒，料推辭不過，就做個化主罷。』長老大喜，便叫點起香花燈燭，鋪下紅毡，請濟顛坐了，受長老三拜。濟顛取了化册，走出方丈來，暗想道：『此番舉動，明明是做成圈套，想逐我出寺！不如起了度牒，往別處去罷。』遂回方丈，稟上長老道：『既做化主，未免要各處去化；若無度牒，人只說我是個野和尚，誰肯施捨？』長老道：『這也想得是。』卽令監寺取出度牒來，交與濟顛收了。濟顛見天色已晚，遂到禪堂去睡了一夜。正是：朝夕焚修求佛度，佛在當面識不破；非是禪心荊棘多，總爲貪嗔生嫉妬。畢竟不知濟顛明日出寺，端的如何？且聽下回分解。

第九回　不甘欺侮入淨慈　喜發慈悲造藏殿

却說濟顛過了一夜，到了次日，走出山門，一路裏尋思道：『這夥禿驢，合成圈套，逐我出寺，我想勉强住在這裏也無甚風光！那淨慈寺德輝長老，平素與我契合，若去投他，必然留我。』定了主意，遂一徑往淨慈寺來，入見長老，問訊，長老便問：『濟公何來？』濟顛道：『弟子的苦一時說不盡！那靈隱寺衆和尚與弟子不合，都想要逐我出來！昨日將我灌醉了，叫我鹽菜化主，弟子一時失口應承，我今日無面目回寺去，只得來投長老，望長老慈悲留我！』長老道：『留是怎不留你？但你是靈隱寺子孫，未曾講明，於昌長老面子上不甚好看。待我明日寫一柬去勸他，他若有甚參差，那時留你，便兩家都沒得說了。』濟顛道：『我師見得極是！』當晚就留濟顛在方丈暫時歇下。次早，寫了一封書，差一個傳使，送到靈隱寺面見昌長老，呈上。昌長老拆開一看，只見上寫道：

南屏山淨慈寺住持弟比丘德輝稽首師兄昌公法座前：卽今新篁漸長，綠樹成陰，恭惟道體安享，禪規倍增清福，不勝慶幸！茲啓者：散僧道濟，昨到敝寺，言蒙師慈差作顯茶化主，醉時應允，醒卻難行；避於側室，無面回還。特奉簡板，伏望慈悲，念此僧素多酒病，時發顛狂，收回前命，責其後修。倘覷薄面，恕其既往，明日自當送上。此肅

昌長老大怒道：『道濟既自無能，怎敢受我三拜？這等無禮，我寺裏決不能

用他！』就在簡板後批著八字道：

似此顛僧，無勞送至

遂將原書付與傳使帶回，稟知長老。長老大怒道：『這畜生可惡！我又不屬你管，怎這等無禮？他既如此拒絕，我偏收你在此，只要與我爭氣！就陞你做個書記僧，一應榜文疏頭，俱要你做。』濟顛一一應承謝了。長老自去選佛場坐禪念經，相安無事。

過了月餘，忽一日，閒步出山門，信著腳走到長橋底下，只見賣餶飿兒的王公在門前擂豆。抬頭看見了濟顛，便叫聲：『濟公！爲何多時不見？』濟顛道：『說也話長！於今卻喜得被靈隱寺趕到淨慈來，與你是鄰舍了！』王公道：『我此時買賣做完，沒甚事，同你下盤棋耍耍何如？』濟顛道：『使得！使得！我贏了，你將一盤餶飿兒請我；我輸了，光頭上讓你鑿一個栗果，何如？

』王公大笑道：『好！好！』就托出條櫈子來，放在門前，取出棋子，一連下了五六盤濟顛卻輸了一盤。王公道：『出家人，怎好鑿你的栗果？只替我寫一面招牌罷！』濟顛道：『不是詐你，我無酒卻寫得不好！』王公道『要吃酒，不打緊！』就叫對門方家酒店裏燙將酒來。濟顛一動手，便是十五六碗，才問道：『你要寫甚招牌？』王公拿出一幅紙來道：『就是賣餶飿兒的。』濟顛提起筆來寫下十個大字道：『王家清油細豆大餶飿兒』王公自貼了這個招牌，生意日興一日，後事不提。

卻說濟顛別了王公，乘著酒興，一逕走到萬松嶺來望毛太尉。毛太尉接見，問道：『為何許久不來？』濟顛道：『一言難盡！被靈隱寺逐出，今在淨慈寺做了書記，終日碌碌，故不得工夫來看太尉。』太尉道：『今日天氣熱，悶得無聊！你來恰好，且同你到竹園中乘涼吃酒去。』濟顛道：『蒙太尉盛情，貧僧也不敢推辭！』毛太尉聽了，笑將起來。兩人到了竹園，風景稱心，你一杯，我一盞，直吃到抵暮方罷。毛太尉就留濟顛在府中住了。一連盤桓了六七日，濟顛方辭了毛太尉，又去望陳太尉。陳太尉接了進去，相見道：『聞你在毛太尉家，正怪你不來！今既來了，也要留你五七日，才放你去！』濟顛笑道：『只要有酒吃，便住一年又何妨？』太尉道：『別的還少，酒是只怕你吃不盡！』二人說說笑笑，早已排上酒來。二人對吃，直到醉了方歇，醒了又吃。略纏纏就是三四日，濟顛猛想起道：『長老把我當個人看待，我私自出來了這十餘日，他心上豈不嗔怪？』遂苦苦的辭了陳太尉，急急回寺。

剛剛到長橋邊，早遇著寺裏的火工來尋，埋怨道：『你那裏去了這半月？把長老十分著惱，累得我們那裏不尋到！快去見長老，省得他心焦！』濟顛聽了，急急走入方丈，跪在長老面前道：『弟子放蕩了幾日，誠然有罪，望我師慈悲饒恕！』長老道『我怎樣囑咐你，你爲何一些兒也不改前非？日說你這幾日在於何處？莫非又涉邪淫？』濟顚道：『弟子怎敢復墮前愆？只因多時不曾出門，把相識的多疏了，故到萬松嶺，蒙毛太尉好意留住了五七日；又承陳太尉盛情更留住了四五日，故此躭擱了。』長老道：『胡說！他們是朝廷顯宦，你怎能與他來往？既這般敬重你，前日檀板頭叫你做鹽菜化主，你又何辭他做不得？』濟顚道：『鹽菜化主有甚做不得？只是不伏氣化來與這夥禿驢吃！若像長老這等相愛，休說鹽菜一日便要十個猪也化得！』長老道：『你且休要誇口！我這寺中原有個壽山福海藏殿，於今倒壞了。若得三千貫錢，便能起造，你能化麼？』濟顚道：『不是弟子誇口說，若化三千貫，只須三日便完，但也須請我一醉！』長老大笑道：『你既有本事，三日內化出三千貫錢，理該請你。』卽命監寺去備辦酒食，長老親陪濟顚吃酒。這濟顚一碗不罷兩碗不休，直吃得大醉。長老道：『今日該開緣簿，但你醉了，明日寫罷。』濟顚道：『師父不知弟子與李太白一般酒越多文越好！』遂叫行童取過筆硯并緣簿來，磨得墨濃，提起筆來，一揮而就：

伏以佛日永輝，法輪常轉。惟永輝雖中天者，有時而暫息；賴常轉故，依地者無舊不重新。竊見南屏山淨慈寺，承東土之禪宗，稟西湖之靈秀，從來殿閣軒昂，增巍峨氣象，況是門牆高峻，啓輪奐風光。近因藏殿傾頹，無處存壽山福海，是以空門寥落，全不見財主貴人。因思法輪不轉，食輪怎得流通？倘能佛日生輝，僧日自然好度。弘茲願力，仰伏慈悲。施恩須是大聖人，計工必得三千貫。捨得喜歡，人天踴躍，成之容易，今古仰瞻。有靈在上，感必能通，無漏隨身，施還自受。莫道非誠，此心可信；休言是誑，我佛證盟。募緣化主書記僧道濟謹疏濟顛寫完，長老見句句皆有禪機，不勝大喜！又叫侍者篩酒與他吃，濟顛吃得大醉，方才去睡了。

次早起來，就到方丈中來見長老道：『弟子今日出門去化，包管三日內化完。我師須要寬心，不可聽旁人的閒話。』長老道：『此乃佛門善事，只要你誠心去化，便寬限幾日也不妨。』濟顛道：『不消，不消，只要三日！』竟拏緣簿走出了寺門，一逕投萬松嶺毛太尉府中來。毛太尉道：『濟公！爲何來得怎樣早？』濟顛道：『因有一心事，睡不著，故起早來求太尉。』太尉道：『你有甚事求我，卻起得這樣早來？』濟顛道：『敝寺向來原有一壽山福海的藏殿，不意年久傾頹。今長老發心重造，委我募化三千貫錢。想我是個瘋顛和尚，那裏去化？故特來求太尉。』遂將緣簿呈上。太尉道：『我雖是個朝官，那裏有三千貫閒錢做布施？你既來化，我只好隨多少助你幾十貫罷。』

』濟顛道：『幾十貫成不得事，望太尉一力完成！』太尉道：『既如此說，且須費一兩個月，待下官湊集。』濟顛道：『長老限我三日內便要，怎能待一兩個月的話？』太尉見逼緊了，轉笑將起來道：『你眞是個瘋子！三千貫錢，如何一時便有？』濟顛道：『怎說沒有？太尉只收了緣簿，包你就有！』遂將緣簿丟在案上，翻身便走。太尉忙叫人趕上，將緣簿交還他。濟顛接了，又丟在廳上地下道：『又不要你的，怎這等慳吝！』說完竟一直出去了。太尉拾起緣簿再叫人趕時，已不知去向矣。太尉吩咐門上：『今後休放濟瘋子進來，省得纏擾。』不知濟顛怎化得這三千貫錢來？且聽下回分解。

第十回　顯神通太后施錢　轉輪廻蝦蟆下火

卻說濟顛將緣簿丟與毛太尉，竟自回寺。首座問道：『你出走了半晌，化得些麼？』濟顛道：『多已化了，後日皆完。』首座道：『今日一文也無，後日那能盡有？』濟顛道：『我自去化，不要你憂。』說罷，竟往禪堂裏去了。首座說與長老，長老也半信不信。到了次日，衆僧又來說道：『濟顛自立了三日限，今日第二日了，也不出去化，多分是說謊騙酒吃。』長老道：『濟顛雖說瘋顛，論理也不好騙我，且到明日再看。』

不期到了第三日，毛太尉入朝隨駕，見一個內侍尋著他，說道：『娘娘召你。』毛太尉忙跟了內侍，到正宮來叩見太后。太后道：『子童昨夜三更時分，夢見一位金身羅漢對我說起，西湖淨慈寺有一座壽山福海藏殿，近來崩塌，來要化我三千貫錢修造，他說緣簿現在毛君處。子童醒來甚是奇異！故召汝來問，不知果有此事否？』太尉聽了，驚倒在地，暗想：『濟公原來不是凡人！』遂奏道：『兩日前果有淨慈寺書記僧道濟挐一緣簿，要臣子替他化三千貫錢。臣子一時挐不出，故回了他去。不期他竟神通來化娘娘！

一太后問道：『這和尙平日可有甚好處？』太尉道：『平日幷不見有甚好處？但只是瘋瘋顚顚的要酒吃。』太后道：『眞人不露相！這定然是個高僧。他旣來化子童，我寶庫中有脂粉錢三千貫，可捨與他去修造，但此金身羅漢不可當面錯過。你可傳旨備駕，待子童親至淨慈寺行香，去認他一認！』太尉領了懿旨，一面在寶庫中支出三千貫錢來叫人押着；一面點齊嬪妃彩女，請娘娘上了鑾駕，自騎馬跟在後面，竟望淨慈寺來。

這日濟顚還坐在爐前捉虱，首座看他光景不像，特來問道：『你化的施主如何了？』濟顚道：『將近就到。』首座笑着去了。又過了半晌，早有門公飛跑的進來報道：『外面有黃門使來說太后娘娘到寺來行香，鑾駕已在半路了！』衆僧慌了手脚。長老急急披上袈裟，戴上毘盧帽，領著合寺僧人，出了殿門跪接，恰好鳳輦已到了，迎入大殿。太后先拈了香，然後坐下。長老引衆僧參見畢，太后開口道：『子童昨夜三更時分，夢見一位金身羅漢，要化三千貫修造藏殿。子童夢中也親口許了，今日特特送來，命住持僧可查明了。』長老忙同衆僧一齊叩謝布施，太后道：『子童此來雖爲布施，著實要認認這尊羅漢。』長老又跪奏道：『貧僧合寺雖有五百僧衆，卻盡是凡夫披剃，不敢妄稱羅漢，炫惑娘娘。』太后道：『羅漢臨凡，安肯露相？你可將五百僧衆聚集來我看，我自認得。』長老領旨，命衆僧抬著香爐，繞殿念佛，一個個都要從太后面前走過。此時濟顛亦來在衆僧內，剛走到太后面前，太后早已看見，指著說道：『我見的羅漢正是此僧，但夢中紫磨金色，甚是莊嚴！今日爲何作此幻相？』濟顛道：『貧僧是個瘋窮的貧和尙，并非羅漢！娘娘不要錯認了。』太后道：『你在塵世混俗和光，自然不肯承認，這也罷了。但你化了子童三千貫錢，卻將何以報我？』濟顛道：『貧僧是個窮和尙只會打觔斗，別無甚麼報答娘娘——只願娘娘也學貧僧打一個觔斗轉轉罷！』一面說，一面就頭向地脚朝天，一個觔斗翻轉來，因未穿褌子，竟將前面的物事都露出來，衆嬪妃宮女見了，盡皆掩口而笑；近侍內臣見他無禮，都趕出佛殿來，要將他捉住。不料他一路觔斗，早已不知打到那裏去了。長老與衆僧瞻都嚇破，忙跪下奏道：『此僧素有瘋顛之疾，今病發無禮，罪該萬死！望我娘娘恩赦。』太后道：『此僧何嘗瘋顛？眞是羅漢！他這番舉動，乃是願我轉女成男之意，實是禪機，不是無禮。本該請他來拜謝，但他既避去，必不肯來，只得罷了。』說罷，遂上輦還宮。長老引衆僧送太后去了，方才放下了一塊石頭，因叫侍者去尋濟顛，那裏見個影兒。長老因對衆僧道：『濟顛要藏殿完成，故顯此神通感動太后。今太后說出羅漢，故又作此瘋顛，掩人耳目，你們不要將他輕慢！』衆僧聽了方才信服。

卻說濟顛出了寺門，先同衆小兒在西湖上採了一回蓮，採了又到石巖橋，望石陽里走去。到了致場橋，只見許多人在那裏圍著看，他也擠上去一看，原來是個癩蝦蟆落在尿缸裏，浸得澎脹死了。濟顛嘆道：『苦惱子！苦惱子！這也是輪迴一轉！』叫人取個火來，尋些亂草：『我與你下火！』遂作頌道：

『這個蝦蟆浸得澎脹，在生猖狂到死倔強。既已瞑目張牙，何不趺跏合掌。佛有大身小身，物得人相我相，一念淨來離諸衆障。咦！青草池邊尋不見，分明夜月梨花上。』

燒完了，只見半空中現出一個青衣童子來叫道：『多謝師父慈悲，已得超昇矣！』衆人看得分明，盡皆喝采。

濟顛正待轉身，忽背後一個和尚拖住道：『小僧是崇眞寺裏僧人砧基便是這裏西溪安樂山永興長老屢欲與師父一見，再不能彀；今日相遇，且到敝寺去盤桓幾日！』濟顛就隨着砧基到永興寺來。永興寺長老大喜，忙請入方丈一面獻茶一面令侍者整治酒肴出來，三人共飲濟顛遇了酒，就十分得意竟吃了一夜。次日又叫人到清溪道院請了徐提點來相陪。那徐提點又是吃酒道士，大家吃得十分有興。過了兩日，又同砧基到崇眞寺頑了幾天，吃酒做詩不知不覺得在永興崇眞二寺與清溪道院幾處，就盤桓了四個月，早已是初冬天氣，身上覺得寒冷，想道：『我出來已久，也應該囘去看看長老。』遂別了砧基并徐提點二人，竟向石人嶺來。

剛走到嶺上，又撞見天竺的懺首，濟顛問道：『師兄那裏來？』懺首道：『不要說起！我庵裏講主，昨夜被賊偷個精光，今著我到西溪街上鄭先生家問卜來。』濟顛道：『既是講主被盜，我也該去看他一看。』二人遂同落了石人嶺，逕至棘寧寺，那講主正在納悶，見了濟顛，忙施禮道：『爲何久不來會？』濟顛道：『不然，今日也還不來，因知你失財煩惱，故特來寬慰。』講主道：『老僧掙了一世，一旦皆空，怎叫我不惱？』濟顛道：『出家人要財物何用？待他偸去，倒省得記挂。我今作一詩替你發一笑，解解煩惱何如？』講主道：『你既有此美意，請唸來與我聽聽。』濟顛隨唸道：『啞吃黃連苦自知，將絲就緒落人機；低田缺水遭天旱，古墓安身著鬼迷；賊去關門無物了，病深服藥請醫遲；竹筒種火空長炭，夜半神龍面向西。』講主聽了笑道：『雙關二意，倒說得有趣！我於今心中十分愁悶，你須在此暫住一兩月，替我解笑解笑方好。』濟顛道：『若有酒吃，便住一兩年也不妨！』講主道：『別的都被偸去，惟酒尚在，只怕你吃不了！』兩人又大笑。不知濟顛住下作何行狀？且聽下回分解。

第十一回　解僧饞貴人施筍　觸鐵牛太守伐松

話說濟顛在棘寧寺不知不覺過了兩月，看看臘盡，講主捨不得他回去，對濟顛道：『你益發過了年去罷！』濟顛道：『這卻使不得！長老豈不嗔怪？』遂別了講主竟回淨慈寺來，走進方丈中，見了長老，拜道：『弟子回來了。』長老道：『你怎不與老僧說知，竟出去了這半年。自專，旁人豈不笑我？』濟顛道：『弟子知罪，今後再不敢了！』自此在寺中過了年，每日只在禪堂裏與衆人誦誦經，念念佛，混過了兩三個月。

倏忽暮春，天氣晴明，濟顛忽想動起來，稟長老道：『弟子久不出門，許多朋友恐怕生疏了，今日要出去望望，特來稟知，放弟子出去走走。』長老道：『放便放你去，但只好兩三日，便要回來！』濟顛應承了，遂一逕投萬松嶺毛太尉府中來。毛太尉接進去相見過，太尉道：『自從太后娘娘到你寺中，不意又是半年了！那日你弄禪機，打觔斗，我甚爲你擔憂，恐怕有禍，不期太后娘娘心靈性慧，倒打破了你盤中之謎，反再三的贊嘆！』濟顛道：『這是我一時瘋發了，有甚麼禪機感得佛天保佑，免了這場大禍，又完成了藏殿的功德，故今日特來謝謝太尉！』太尉道：『你來得正好！今日園丁在竹園中，掘得些新筍芽兒進來，我見是初出之物，將一半進上朝廷，還留一半在此，待我命庖人煑來與你嘗新，可好麼？』濟顛便道：『好是好，但做和尚的，此時吃他，未免過分！』太尉道：『筍乃素物，又非葷肴，有何過分？』濟顛道：『太尉不知！俗語說得好：「一寸二寸官員有分。一尺二尺百姓得吃，若是和尚要吃，直待織壁」我做和尚的，此時吃他，豈不過分？』說得太尉笑將起來。不一時，庖人煑了筍，又燙了兩壺酒來，排上。濟顛一到口，便吃了大半碗，又是幾碗酒，吃得快活，便說道：『我虧太尉高情，得以嘗新！我家長老，坐在寺中，夢也還不曾夢見，我且剩幾塊帶回去與他吃，也顯得太尉的人情。』太尉道：『這是殘剩的，怎好帶去？』遂叫庖人又取了一碗來，用荷葉包好，付與濟顚。濟顚作謝而回。

剛到山門，首座問道：『你手裏包兒，莫非狗肉？』濟顚道：『雖不是狗肉，卻比狗肉更美。』因將包兒往他鼻上一塞道：『你且聞一聞看！』首座只認做要他吃，把鼻子掩着躲開。濟顚遂一逕到方丈來見長老。長老問道：『你今日爲何纔去便回？』濟顚道：『因毛太尉請我吃新筍，我見滋味美因討了一包來，請長老嘗新，故此不曾躭擱。』遂向侍者討了一個盤子來，將荷葉包打開，把筍兒傾在盤內，托上來獻與長老。長老道：『物雖微，卻難得你一片好心。』遂舉筷吃了好些，讚道：『果然好滋味！』剩下的，就叫方丈中幾個侍者分吃了。不一時，衆僧得知，都來討筍吃。長老道：『這筍，乃道濟帶歸來請我的，止得一節，如何分散得衆人？』衆僧道：『這不干長老之事，多是濟顚不是佛門牒章，你既自吃了新筍，又帶來請了長老，難道就不該化些來請請大衆？』濟顚道：『你們只輕易說個化字，殊不知化人的東西，有好些爲難！我在太尉府中，不知說了多少禪機，方才有得到口，你們坐在家裏，白白的就要想吃，也罷，就將這新筍爲題，你們衆人做得一首詩出，便苦我不著去化兩擔來請你們罷。』衆僧聽說做詩，俱默然不語。長老道：『他們如何理會得來，待老僧代他們做一首罷。』遂信口吟七言一絕道：

『竹筍初生牛犢角，　蕨芽初長小兒蓫。　旋挑野菜炊香飯，　便是江南二月天。』

濟顚道：『好詩！好詩！但他們要吃筍，怎麼要師父做詩？今我師既代他們做了，我也推辭不得。』因折着指頭算道：『今日諒不能有，明日料還也無，挨到後日，還你們兩擔罷！』長老道：『新生物，多寡有些就罷，如何論得擔?』濟顛道『包有!包有!』說罷又自顧要去了。

到次日，又到毛太尉府中。太尉問道:『你今日又來，莫非昨日的酒吃得不盡興麽?』濟顛道:『倒不爲要酒吃，只因昨日承太尉賜的筍，回去與長老吃了，衆僧看見，都饞哩哩要吃，再三求我來化；我看不過他們咽下垂涎，一時許了化兩擔與他們，故又來燥煩太尉。』太尉笑道:『你這和尚眞不曉事!一個才出土的新筍，只好掘些嘗嘗新，怎麽論起擔來?』濟顛道『只要太尉肯捨，包管園中廣有。太尉若不信，可叫園丁來問便知!』太尉遂叫園丁來問道:『竹園裏可曾又發些新筍出來?』園丁稟道:『好叫太尉得知，昨日掘過，一寸也不留，今日看時，滿園中徧地密雜雜的都攢出頭來，大是怪事!』太尉又驚又喜，便對濟顛道:『今日方透芽，掘起必少，莫若養他一夜，明日還可多得些，也是你來爲衆僧化一場。』濟顛道:『多謝太尉，如此更好！』太尉遂命備酒與他同飲。到晚，就留在府中歇了。次早起身，太尉同濟顛步入竹園，看那園丁將新爆出來的筍，盡數掘起，共有五擔。太尉吩咐，叫五個當值的，挑了送到寺裏去。濟顛謝了太尉，領著這五擔筍回寺來。眾僧在山門前望見，皆大歡喜，忙來報知長老。長老讚嘆道：『濟顛作用果是不凡！』不一時，濟顛同筍到了。長老著人收了筍，取出五百文錢，酬勞了送筍的五個人；一面即命責筍與合寺僧人同吃了。眾僧俱各歡喜散去，不提。

過了幾日，濟顛在寺無事，忽想起，靈隱寺昌長老已死，不曾去送喪，又聞得是印鐵牛做了長老，不知規矩如何？定了主意，要去望望，遂一逕走到靈隱寺，煩侍者通報了長老。長老想道：『他是個瘋子，一向被昌長老逐出在外，今日又來做甚麼？莫非想著舊事，要來纏擾？只不睬他便了。』吩咐侍者回報不在，侍者回復了濟顚。濟顚冷笑了一聲，又走到西堂來見小西堂。那小西堂也回說不在。濟顚遂向行童借了筆硯，去冷泉亭下作詩一首，罵長老道：『幾百年來靈隱寺，如何卻被鐵牛閑；蹄中有漏難耕種，鼻孔繚天不受攀；道眼豈如驢眼瞎，山門常似獄門關；冷泉有水無鵁鶄，空自留名在世間。』又做一絕，譏誚西堂道：『小小庵兒小小窗，小小房兒小小牀，出入小童幷小行，小心服侍小西堂。』

題完，將二詩付與行童，竟自回寺。這行童不敢隱瞞，將詩呈與長老。長老大怒道：『這厮自恃做得兩首詩，認得幾個朝官，怎就敢如此無禮，將我輕薄？難道我就罷了不成！』狠狠的想了一會，想出一計來：『那臨安府趙知府是我最相好的，待我寫信去求他將淨慈寺門外兩旁松樹盡行砍去，破了他寺裏的風水。他長老曉得是濟顚起的禍根，必然驅逐他，方洩得我這口惡氣！』算計定了，遂寫書去求趙太守不提。

且說德輝長老這一日，正與濟顛同坐說些閒話，忽門公來報道：「不好了！寺中禍事到了！臨安府趙太爺親自帶了百十餘人，要砍去寺門兩旁松樹！」長老著忙道：「這些松樹，乃一寺風水所關，若砍去，又眼見得這寺就要敗了！如何是好？」濟顛道：「長老休慌！待弟子去見他。」長老道：「聞得這官人十分利害，你須要小心，切不可弄甚惡禪機，去觸他之怒，便無解救了！」濟顛道：「我師寬心，萬萬不妨！」遂從從容容走出山門，向著趙太守施禮道：「淨慈寺書記僧道濟參見相公。」太守道：「你就是濟顛麼？」濟顛道：「小僧正是。」趙太守道：「聞你善作詩詞，譏誚罵人。我今來伐你寺前的松樹，你也敢作詩譏誚罵我麼？」濟顛道：「水腐蟲生，人有可譏誚處方可譏誚。如相公乃一郡福星，百姓受惠，小僧頌德不遑，焉敢譏誚相公此來，若果是伐樹，小僧不揣俚陋，吟詩一首，敢爲草木乞其餘生，望相公垂鑑！』趙太守道：『你且唸來我聽！』濟顛遂信口吟道：『亭亭百尺接天高，曾與山僧作故交。滿眼枝柯千載茂，可憐刀斧一齊敲。窗前不見龍蛇影，屋畔無聞風雨潮。最苦早間飛去鶴，晚囘不見舊時巢。』趙太守聽了濟顛之詩，沈吟了半晌道：『你卻是個有學問的高僧！本府誤聽人言，幾乎造下一重罪孽！』遂命伐樹人盡皆散去，復與濟顛作禮道：『果是好詩！字字動人。此地人環翡翠屋隱烟霞，大有禪林風味，意欲再求一首佳作與小官參悟，萬勿吝教！』濟顛聽了，遂信口長吟一律道：『白石磷磷接翠嵐，翠嵐深處結茅庵。煮茶迎客月當戶，採藥出門雲滿籃。花被鳥拈疑佛笑，琴爲風拂宛禪談。今朝偶識東坡老，四大皆空不用參。』太守聽了，嘆賞不已道：『吾師語含宿慧，道現眞修。下官有一律奉贈，以博一哂！』亦長吟一律道：『不作人間骨肉僧，朗同明月淨同冰，閒思吐作詩壇瑞，變相留爲法界徵。從性入禪誰問法，明心是性不傳燈。下根久墮貪瞋夢，今日方欣識上乘。』濟顛聽了再三感謝，遂邀太守入寺獻齋。太守欣然齋罷，方才別去。長老見太守去了，方對衆僧道：『今日若非濟顛，這些松樹危矣！快叫人尋他來謝！』

誰知這濟顛誠恐驚動耳目，已脫身出去閒走。剛走到長橋，忽看見賣餶飿兒王公門上帖著斗書，吃了一驚，忙走進去。只見王婆正坐在棺材邊哭，看見了濟顛，方說道：『阿公平日與你相好，後日出殯，請你下火說兩句禪機，令他往生西方，也見得你的情分。』濟顛道：『既要我下火，到後日準來。』說罷，就走去長橋上閒坐。只見賣蘿蔔的沈一，挑著空擔走來，看見濟顛坐在橋上，便道：『多時要請師父吃一壺，再不湊巧，今日有緣，倒撞著師父閒坐，我又無事，同到酒店吃一碗何如？』濟顛道：『甚好！』二人遂走入酒店坐定，沈一忙叫店家取酒來篩。濟顛一連吃了幾碗，吃得爽快，看著沈一道：『難得你一片好心請我，我自有話對你說，不知你肯聽否？』沈一道：『師父定是好話，且請說來，小人那有個不聽的理！』不知那濟顛說出甚話來？且聽下回分解。

第十二回　佛力顛中收萬法　禪心醉裏指無明

卻說濟顛對沈一道：『人生在世，只爲這臭皮囊要吃要穿。我看你又無老小，終日忙忙碌碌，何時得了？倒不如隨我到寺裏去做個和尚，吃個安頓飯罷！』沈一道：『我久懷此意，但恐爲人愚蠢，一竅不通，寺中不收留。若師父肯帶我去，今日就拜了師父，到寺裏去！』濟顛道：『直截痛快！倒做得和尚！』吃完了酒，就領了沈一，入寺來參見長老道：『弟子尋得一個徒弟在此，望長老容留！』長老道：『也好也好。』遂命侍者燒香點燭，叫沈一跪在佛前，替他摩頂受記，改名沈萬法。正是：偶然拜師父，便成親子孫；何須親骨肉，寬大是禪門。

次日，濟顛無事悶坐，吩咐沈萬法：『到竈下去扒些火來！』萬法道『師父要火做甚麼？』濟顛道：『我身上被這些餓虱子，叮得癢不過，今日要尋他的無常，因此要火。』沈萬法聽了，就去扒了一盆火來，放在面前。濟顛脫下直裰來，在火上一烘，早鑽出許多虱子來，內中還有兩個結在一塊不放的。濟顛笑道：『原來虱子也有夫妻。我欲咬死他，又怕汚了口，欲掐死他又怕汚了手，不如做個功德，請你一齊下火罷！』遂將直裰一抖，許多虱子都抖入火中。濟顛口中作頌道，

『虱子聽我言，汝今當記取。既受血氣成，當與皮肉處。清淨不去修，藏汚我褌裏。大僅一芝蔴，亦有夫和妻。靠我如泰山，咂我如甘露。我

身自非久，你豈能堅固？向此一爐火，切莫生恐怖。拋却蠕動軀，另覓人天路。

咦！烈火光中爆一聲，刹刹塵塵無覓處！

濟顛復將直裰穿上道：『他不動，我便靜。快活快活！』一面說，一面往外走。一逕走到王公家裏，恰好喪事起身，濟顛對王婆道：『你又不曾請得別人，我更替你指路罷！』遂高聲唸道：

『餶飿兒王公秉性最從容，擂豆擂了千百擔，蒸餅蒸了千餘籠。用了多少香油，燒了千萬柴頭，今日盡皆丟去。早日主顧難留，靈柩到此何處相投？

咦！一陣東風吹不去，鳥啼花落水空流！』

衆人抬棺，直抬至方家峪歇下，請濟顛下火，濟顛手執火把道：『大衆聽著！

王婆與我吃粉湯，要會王公往西方。西方十萬八千里，不如權且住餘杭。』

濟顛唸罷，舉火。衆親戚中有暗笑的道：『這師父倒好笑！西方路遠，還沒稽查，怎麼便一口許定了在餘杭？』正說未了，忽見二人走到王婆面前，作揖道：『恭喜婆婆！餘杭令媛，昨夜五更生了一位令郎，令婿特使我來報個喜信！』原來王婆有個女兒嫁在餘杭，因爲有孕，故未來送喪。今聽說養個兒子，滿心歡喜，忙問道：『這兒子生得好麼？』那人道：『不但生得好，還有一樁奇事！左脇下有餶飿王公四個硃字，人人疑是公公的後身。』衆親友聽了，方大驚駭！都知道濟顛不是凡人，大衆來圍著他問因果。濟顛見衆人圍得緊，便跳在桌子上，一個觔斗，露出前頭的物事來。衆人都大笑！

濟顛乘衆人喧笑的時候，便一逕走了，離了方家峪，進了淸波門，一直到了新官橋下，沈平齋的藥舖中來。沈平齋卻不在家，那沈媽媽往時最敬重濟顛，忙請進堂中奉茶，親治酒請他。濟顛見了酒，不管好歹，一上手便吃了十餘碗，已有些醉意。娘姨又托出一碗辣汁魚來，濟顛也不推辭，吃一碗酒，又喝些魚湯，不知不覺，吃得十分酩酊，方才作謝起身。沈媽媽見他醉了，囑咐道：『你往十里松回去那裏路靜，你醉了，須要小心些！』濟顛糊糊塗塗的應道：『我和尙一個空身體有甚小心？今夜四更時，你們後門倒要小心！』竟跌跌撞撞的去了。沈媽媽聽見濟顛說話蹊蹺，到了四更天，不放心，叫人暗暗的到後門去看；不期果有個賊在那裏挖壁洞，那時喊將起來，方逃走了。自此益發敬重濟顛，就如活佛。

且說濟顛剛走出淸波門，身體醉軟了，掙不住脚，一滑，早一交跌倒在地，扒不起來，竟閉著眼要睡。把門軍並過往行人，俱圍攏來看。有的認得說：

『這和尚是淨慈寺的濟書記！』有的說：『他做得好文，吟得好詩，那個朝官不與他相好？』有的說：『這和尚沒正經，一味貪酒！』內中有一個道：『我要到赤山，經過淨慈寺，卻是順路；做我不著，攙了他去罷。』衆人道：『好，好，也是好事！』那個人將濟顛扶起來，攙著走。濟顛步一步，掙一掙，攙他好不吃力？苦苦的攙到十里松，濟顛立腳不住，又跌倒了，那裏再扶得起？那人無法，只得撇了他，自走到淨慈寺報信。沈萬法急急的趕到十里松，只見濟顛醉昏昏，酒氣直沖的睡在地下。沈萬法叫道：『師父醒來，我攙你回寺去！』濟顛看見是沈萬法，便罵道：『賊牛！你豈不知師父醉軟了？卻叫我自家站起來！』沈萬法無柰，只得將他扶起來站著，自己蹲下身子去，叫他伏在背上，然後馱起。走不上數十步，不道那濟顛酒湧上來，泛泛的要吐。沈萬法道：『師父忍着些，待我一逕馱到寺再吐罷！』濟顛也不言語，又馱著走不上三五十步，濟顛忽一陣惡心，那些穢物直湧上喉嚨來，那裏還忍得住，早一聲響，吐了沈萬法一頭一面。沈萬法欲要放下來收拾，卻恐再馱費些力氣，只得耐著穢臭一逕馱入寺中，到廚房內眠牀上方才放下。打發他睡了，然後去洗乾淨了頭面，再來看師父，只見濟顛睡得熟熟的，就坐在旁邊伺候。

等不多時，忽見濟顛一個軸轆子跳將起來，高聲喊道：『無明發呀！無明發呀！』衆僧雖多聽見，只認做濟顛酒狂，誰來理他？沈萬法也鶻鶻突突，又打發濟顛睡下，睡不多時，又跳將起來，高叫道：『無明發呀！無明發呀！』此時已是更餘天氣，衆僧俱已睡了。濟顛叫了許久，見無人理他，遂走出來，繞著兩廊高叫：『無明發呀！無明發呀！』直叫到三更時分。忽羅漢堂琉璃燈燒著了旛腳，火鬨發起來。及至衆僧驚覺，扒起來時，早猛風隨火，烈燄騰騰，已延燒到佛殿與兩廊各僧房了。衆僧方才慌張，忙來救火搶器物，已是遲了，只急得亂跑。濟顛罵道：『我叫了這半夜，都塞著耳朵不聽！於今燒得這般，只可惜長老匆匆歸去，不曾見得一面，送送他；可憐可憐！』此時衆僧苦作一團，那裏還有心來聽他的話？直燒到天明，早有許多弓兵入寺，來查失火的首犯，將兩個監寺捆將去了。衆僧一時燒苦了，搥胸跌腳，都恨恨的道：『我們晨鐘夕梵，終日焚修，難道許多菩薩，就沒有一點靈威救護救護？』濟顛聽了，大笑道：『你們這般獃和尙，如何得知成毀乃人世之事，與佛菩薩何干？』因口唸四句道：『都是你們——無明一點起逡巡，大廈千間故作塵。我佛有靈還有感，自然樓閣一番新。』可惜偌大一個淨慈寺，失了火，從前半夜燒起，直燒到次日午時方住，大殿兩廊盡皆燒毀，惟有山門不壞。大家立在山門下查點，僧衆雖多焦頭爛額，卻人人都在，只不見了長老。

有的說，想是在方丈中熟睡，被火燒死了，有的說，定是見火緊，逃往寺外去了。衆僧分頭向各處找尋。未知長老果在何處？且聽下回分解。

第十三回　松長老欣飛錫杖　濟師父怒打水罎

卻說這淨慈寺因失火，不見了長老，衆僧往各處找尋，並無蹤跡。濟顚見了嘆道：『你們這班和尙眞個都是獃子。我已說過，長老原從天台來，今日已歸天台去了，怎麽還尋得他著？』衆僧俱不信，都道：『那有此事？就是燒死了少不得有些骸骨。』就叫火工，在方丈瓦礫中去扒看，扒了多時，忽扒出一塊磨平的方磚來，上有字迹，衆僧爭看，卻是八句辭世偈言：『一生無利又無名，圓領方袍自在行。道念只從心上起，禪機卻是舌根生。百千萬劫假非假，六十三年眞不眞。今向無明叢內去，不留一物在南屏。』衆僧看得分明，方知長老是個高僧，借此遁去；亦識濟顚有此來歷，不是亂言！然到此田地，無可柰何，只得與濟顚算計，要將燒未盡的木頭，搭起幾間茅屋，大家草草安身。濟顚道：『好！』忽走到廚下，看見屋雖燒去，卻剩下一大鍋熱湯。濟顚叫道：『他事且慢算計，此間有好熱湯，且落得來洗洗面！看你們不要惱壞了，我有支曲兒，且唱與你們聽聽，解解悶何如？』遂唱道：『淨慈寺蓋造是錢王，一霎時燒得精光；大殿木廊都不見，止剩下四個泥土的金剛；佛地與天堂，平空似校塲，——卻有些兒不折本，一鍋冷水換鍋湯。』衆僧聽了，都大笑起來道：『如今這般苦惱，怎麼你還要瘋顚？我們的苦，且擱開再說，但是兩個監寺被官府捉去，枷在長橋上，你須去救他一救方好！』濟顚道：『這個容易！』遂一逕走到長橋，果見兩個監寺枷在那裏，因笑道：『你兩個板裏鑽出頭來，好像架子上安著炮燈。』兩個監寺道：『好阿哥！我們在此好不苦惱！你不來救我，反來笑我？』濟顚笑道：『你且耐心捱一會，自然救你。』

說罷，竟往毛太尉府中來。毛太尉接著說道：『聞你寺中被了回祿，卻是苦了！』濟顛道：『和尚家空著身子，白吃白住，有甚苦處？只苦了檀越施主，又要累他們重造。於今兩個監寺枷在長橋上，這卻是眼前剝膚的眞苦。須求太尉慈悲，去救他一救！』太尉道：『不要緊，待我寫書與趙太守，包管就放。你且安心在此吃兩杯，解解悶看！』卽叫當値的安排出酒來，與他對吃。濟顛吃到半酣道：『多謝太尉高情，留我吃酒！但我記挂這些和尚在火塲上悽悽惶惶的沒個理會，且回去看看。』遂別了太尉出來。

行至寺前，只見兩個監寺已放了回來，向濟顛謝道：『虧了濟師父！』濟顛道：『謝到不消謝得，但蛇無頭不能行，這寺裏僧徒又衆，亂鬨鬨的苦，沒有個好長老料理，卻怎生過活？』首座道：『我們正在此商量，不知你請那個長老，方主持得這寺？』濟顛道：『我想別人來不得，除非蒲州報本寺松少林長老方有些作用。』監寺道：『這個長老果然是好，但恐他年紀高大，未必肯來。』濟顛道：『要他來也不難，只要多買些酒來吃得我快活。』監寺道：『此是大家之事，況今粥飯尚且不能周全，那有閒錢去買酒請你？你若不肯寫書，只得合寺寫一公書去請。』濟顛道：『倘你們的公書請不來時，卻要被我笑話，寺裏既無酒吃，只得別尋主顧。』遂一逕去了。這裏合寺僧人同修了一封公書，叫個傳使，竟到蒲州報本寺來，見了松少林長老，呈上公書。長老看了道：『承衆人美意，本該承命而往，但老僧衰邁，如何去得？』傳使又再三懇請，長老只是苦辭不允，傳使無奈，只得回寺報知長老不來之事。衆僧沈吟不悅道：『他不肯來，卻如何處？』首座道：『除非買酒請濟顛，叫他寫書去，方有指望。』衆僧沒法，只得設法銀子，買了一罎酒來，叫人四下去將濟顛尋來，請他吃。濟顛見了酒，也不問好歹，一上口便吃了十數碗，吃得有些光景方問道：『你們這般禿子，平日最是慳吝，今日爲何肯破鈔請我？想必是請不動松長老，又要我寫書去請了。』衆僧聽了，俱笑起來道：『果是空走了一遭，只得又來求你。』濟顛道：『吃了你們的酒，自然回不得你們。』叫取筆硯來寫了一封書，付與傳使，然後又吃，直到爛醉方歇。

且說這傳使連夜趕到蒲州，復到報本寺來見長老。長老道：『老僧已辭你去了，如何又來？』傳使道：『本寺濟書記有簡板呈上。』松長老接來拆開一看，上寫道：

伏以焚修度日，終是凡情；開創補天，方稱聖手。雖世事有成必毀，但天道無往不還。痛淨慈不幸，淨掃三千；悲德輝長辭，忽空四大。遂致菩提樹下，法像浸凋，般若聲中，宗風冷落，僧歸月冷，往往來來，如驚棲之鳥，人去山空，零零落落，如吹斷之雲，鼓布已失，何以增我佛之輝？衣食漸難，大要出如來之醜。欲再成莊嚴勝地，須仰仗本邑高人。恭惟少林大和尚行高六祖，德庇十方，施佛敎之鈴鎚，展僧人之鼻孔。是以不辭千里，通其大衆之誠，敬致一函，求作禪林之主；若蒙允諾，瓦礫吐金碧之輝，倘發慈悲，荊棘現叢林之色。大小皆面皮，休負諸山之望，近遠悉舟楫，弗辭一水之勞。慧日峯前，識破嶮崖之句，南屏山畔，願全靈隱之光。佇望現身，無勞牽鼻。

長老看了大喜道：『濟書記這等鄭重，只得要去走一遭！』吩咐傳使走回，報知濟書記『叫他休得出去，在寺候我，老僧只在月內准到。』傳使謝了，先回報知。衆僧大喜，對濟顛道：『你千萬不要出門，恐松長老到時沒處尋你！』濟顛道：『若不出門那得酒吃？』也不睬衆僧，竟一逕去了。

監寺與衆僧商議道：『若留他在寺，每日那有許多錢買酒？不留他，又恐長老來，不見了他不歡喜。』首座道：『我有一法，且暫時哄著他，拏個大空罈，盛滿湖水，泥了罈口，只說是賒來的好酒。待長老來了，方開來請他，等到長老來時，開出水來，也不過一笑！』監寺道：『妙，妙，妙！』忙叫人尋了濟顛回來，對他說道：『一向要買酒請你，卻奈無錢，今在一個相熟人家，賒得一罈好酒在此，卻先講明，直待長老到了，方開來請你，你心下如何？』濟顛道：『既是如此，也要抬出來我看一看，才放心！』首座就叫兩個火工，把罈子扛到面前。濟顛道：『既已賒來，便打開來，多寡取些嘗嘗也不妨！』首座道：『這是新泥的，開來就要走氣，明日便無味了！』濟顛道：『也說得是。這一個大罈，也儘彀我一吃了。』仍叫火工扛到草屋裏放著，每日去看著兩三徧。

過了數日，報說長老到了，衆僧忙忙出寺去，遠遠迎接進寺。長老先到草殿上，禮了佛，然後衆僧請長老坐下，各執事一一參見過，長老就要與濟顛講話。濟顛辭道：『有話慢講，且完了正事！』忙忙走去，叫火工將酒快扛了出來，取一塊磚頭，將泥封敲去，急低下頭來聞，卻不見酒香，再將碗去打出半碗出來嘗嘗，竟是一罎寡水！——心中大怒！遂拾起磚頭來，將罎子打得粉碎，灑了一地的水。衆僧在旁邊，都掩著口笑，濟顛看見，發急了，亂罵道：『這一夥禿驢，怎敢戲我！』松長老聽了，不知理由，問侍者道：『這是爲何？』侍者道：『濟師父要酒吃作鬧！』長老道：『濟公要酒吃，何不買兩瓶請他？』濟顛聽見長老叫買酒請他，方上前分辨道：『這班禿驢不肯請我，若說是無錢，情猶可恕。怎將水充作酒來戲弄我，這樣無禮，該罵不該罵？』

長老聽說將水充酒要他，禁不住也笑將起來道：『該駡！該駡！但你不要與他們一般見識，我自買酒請你。』濟顚道：『長老遠來，我尙未與長老接風，甚麽道理反要長老破鈔？』長老道：『我與你同是一家，那裏論得你我』不一會，已叫人買了酒來。濟顚因開罎時，已是垂涎了半晌，喉嚨裏已格格有聲，今酒到了面前，那裏還忍得住？也不顧長老在前，一連就是七八碗吃得快活，想起前事，也自笑將起來，對著長老道：『弟子被這班賊禿耍子，如今想起來又好惱，又好笑。因做了兩首詞兒，聊自解嘲，且博長老一笑。』叫取筆紙寫出，呈上長老展看，卻是兩首點絳脣：

『殘液滿喉，只道一罎都是酒；指望三甌，止住涎流口。不意糟糕，盡爲西湖有！唯而否，這般禿狗，說也眞正醜！　虧殺阿難，一碗才乾又一碗，甘露雖甘，那得如斯滿。不是饕貪，全仗神靈感！冷與煖，自家打點。更有誰來管？』

長老看了，笑個不了，又贊道：『濟公不但學問精微，即游戲之才，亦古今無二！——老僧初到，尚未細問，不知貴寺被災之後，這募緣的榜文，曾做出張挂麼？』濟顛道：『這夥禿驢只想各自立房頭，做人家，誰肯來料理正事？還求長老作主。』長老道：『既是未做，也就遲不得了，今日就要借你大筆一揮。』濟顛道：『長老有命，焉敢推辭？但是酒不醉，文思不佳，求長老叫監寺再買一壺酒吃了，方才有興！』長老道：『這個容易！』遂又叫人去買來濟顛吃了，不知又作何狀？且聽下回分解。

第十四回　榜文叩閽驚天子　酒令參禪動宰官

話說松長老又買酒來請濟顛，吃得醉了，十分快活，便提起筆來寫道：

伏以大千世界不聞盡變於滄桑，無量福田到底尚存於天地。雖視融，不道肆一時之惡；風伯無知，助三昧之威，掃法相還太虛，燬金碧成焦土，遂令東土凡愚，不知西來微妙。斷絕皈依路，豈獨減湖上之十方？不開方便門，實乃缺域中之一致。即人心有佛，不礙眞修，恐俗眼無珠，必須見象，是以重思積累，造寶塔於九層，再想修爲塑金身於丈六。幸遺基尙在，非比開創之難，大衆猶存，不費招尋之力。倘邀天之幸，自不日而成。然工興土木，非布施金錢不可，力在布施，必如天檀越方成。故今下求衆姓，益思感動人心，上叩九閽，直欲叫通天耳。希一人發心，冀萬民效力，財聚如恆河之沙，功成如法輪之轉。則鐘鼓復震於天空，香火重光於先帝，自此億萬千年，莊嚴不朽，如金剛，天人神鬼，功德長銘於鐵塔。謹榜

長老看見濟顛做的榜文，精深微妙，大有感通，不勝隨喜，即叫人端端莊莊

寫了掛於山門之上，過往之人看了，無不讚羨。

不多時，鬨動了合城的富貴人家，都來看榜，多有發心樂助，也有銀錢，也有米，也有布的，日日有人送來。長老歡喜道：「人情如此，大概寺主有可興之機矣！」濟顛道：「這些小布施，只好熱鬧山門，幹得甚事？過兩日，少不得有上千上萬的大施主來，方好動工。」長老道：「勸人布施，只好積少成多，怎說上千上萬的？」濟顛笑道：「小施主的，自然聚少成多；若遇著大施主，非上千上萬，他也自開不得口，自出不得手，少不得有的來。」長老道：「願得如此便好。」又過了兩日，濟顛忽走入方丈來，對長老道：「可將山門前的榜文，叫人用上好的錦箋，端端楷楷的寫下一張來。」長老道：「榜文掛在山門前，人人看見，又抄寫他何用？」濟顛道：「只怕有不肯輕自出門之人，要來討看，快叫人去寫，遲了恐寫不及！」長老見濟顛說話有因，只得叫人將一幅錦箋去寫。剛才寫完，只見管山門的香火，急忙忙的進來報道：『山門外有一位李太尉騎著馬，要請長老出來說話。長老聽了，慌忙走出山門，躬身迎接道：『不知大人降臨，有失遠迎！請到裏面用茶。』那太尉見了長老，方跳下馬來答禮道：『茶倒不消用，但請問你山門前這榜文、是幾時掛起的？』長老道：『是初三掛起，今已七日了。』太尉道：『當今皇爺昨夜三更時分，夢見身遊西湖之上，親眼看見諸佛、菩薩，俱露處於淨慈寺中，并見山門前一道榜文，字字放光，又見榜文內有上叩九閽之句，醒來記憶不清，不知果是有無？特差下官來看。不道山門前果有此榜文，果有此叩閽之句，大是奇事？下官空手不便回旨，煩長老可將榜文另錄一道，以便歸呈聖覽。』長老隨命侍者，將預寫下的錦箋，雙手獻上道：『貧僧已錄成在此，伺候久矣。』太尉大喜道：『原來老師有前知之妙！下官奏知皇爺，定有好音！」說罷，就匆匆上馬而去。長老見內臣來抄榜文，說出天子夢中之事，知道濟顛不是凡人，正待進來謝他，不知他瘋瘋顛顛又往何處去了。到了次日，只見李太尉帶領多人，押著三萬貫到寺來，說皇爺看了榜文，恰是與夢中所見一樣，甚稱我佛靈感，又見有叫通天耳之句，十分喜歡，故慨然布施三萬貫，完成勝事，叫下官押送前來，你們可點明收了，我好回旨。長老聽了不勝大喜，因率合寺五百僧人，焚香點燭，望闕謝了聖恩，查明收了寶鈔，然後請李太尉獻齋。齋罷，李太尉自去復旨，不提。

長老因有了三萬貫寶鈔，一時充足，遂擇了一個吉日，做了一壇佛事，一面叫人採買木料，一面叫人去買磚瓦，一面招集各色匠人興起工來。寺裏自有了天子夢看榜文賜鈔這番舉動，傳開各處，那各府州縣貴官財主，以及商賈庶人，無個不來，一時錢糧廣有。但只恨臨安山中買不出爲樑爲柱的大木頭來，松長老甚是不快，與濟顛商量道：『匠人說，要此等大木，除非四川方有。四川距此甚遠，莫說無人去買，就買了，也難載來。卻如何處置？』濟顛道：『既有心做事，天也叫通了。四川雖遠，不過只在地下。長老若畢竟要用，苦我不著，去化些來就是了。但是路遠，要吃個大醉方好！』長老聽了，又驚又喜道：『你莫非取笑麼？』濟顛道：『別人面前好取笑，長老面前怎敢取笑？』長老道：『既是這樣說，定是真的！』忙吩咐使者去買上好的美酒，絕精的佳肴來，儘著濟顛受用。濟顛見酒美肴精，又是長老請他，心下十分快活，一碗不罷兩碗不休，一霎時就有二三十碗，直吃得眼都瞪了，身子都軟了，竟如泥一般坐將下來。長老與他說話，他都昏昏不知，因吩咐使者道：『濟公今日醉得人事不知，料走不去，你們可扶他去睡罷！』侍者領命，一個也攙不起，兩個也扶不動，沒奈何，只得四個人連椅子抬到後邊禪牀上，放他睡下。這一睡，直睡到一日一夜，也不見起來，衆僧疑他醉死了，卻又渾身温煖，鼻息調和，及要叫他起來，卻又叫他不醒。監寺走來埋怨長老道：「四川路遠，濟顛一人如何能彀走去，化得大木來，他滿口應承，不過是要騙酒吃。今長老信他胡言，醉到不死不活，睡了一日一夜還不起來，若要他到四川去，只好那世罷！」長老道：「濟公既應承了，必有個主意，他怎好騙我？今睡了不起來，想是酒吃多了，且待他醒了起來，再作道理。」監寺見長老回護，不敢再言。又過了一日，濟顛只是酣酣熟睡，又不起來。監寺著了急，又同了首座來見長老道：「濟顛一連睡了兩日兩夜，叫又叫不醒，扶又扶不起，莫非醉傷了肺腑？可要請個醫生來與他下藥？」長老道：「不消你們著急，他自會起來。」監寺與首座被長老拂了幾句，因對衆僧說道：「長老明明被濟顛騙了，卻不認錯，只叫等他醒了起來！醒起來，終不能到四川去化大木，好笑好笑！』

卻說濟顛睡了第三日，忽然一軸轆子扒了起來，大叫道：『大木來了！快吩咐匠人搭起鷹架來扯！』衆僧聽見都笑的笑，說的說道：『濟顛騙長老的酒吃，醉了三日尚然不醒，還說夢話發瘋顛呢！』濟顛叫了半晌，見沒人理他，只得走進方丈來見長老道：『寺裏這些和尚甚是懶惰！弟子費了許多心機氣力，化得大木來，只叫他們吩咐匠工，搭鷹架去扯，卻全然不理。』長老聽了，也似信不信的問道：『你這大木是那裏化的？』濟顛道：『是四川山中的。』長老道：『既化了，卻從那裏來？』濟顛道：『弟子想木大路遠，若從江湖來，恐怕費力，故就便往海上來了。』長老道：『若從海裏來，必由亹子門到錢塘江上岸，你怎用搭鷹架來扯？』濟顛道：『許多大木，若從錢塘江搬來，須費多少人工，弟子見大殿前的醒心井與海相通，故將大木都運到井底下來了，所以要搭鷹架去扯。』長老聽見濟顛說得有枝有葉，不得不信。——吩咐監寺快去搭鷹架。監寺稟上長老道『老師父不要信他亂講，他吃醉了，睡了三日，又不曾出門，那裏得甚大木來？也要搭鷹架費人工……』長老喝道『叫你搭，去搭便了，怎有這許多閒話？』監寺見長老發作，方不敢再言，只得退出，叫匠工在醒心井上搭起一座大鷹架，四面俱是轉輪，以收繩索，上俱掛著鈎子，準備扯木。衆匠工人搭完了鷹架，走近井邊一看，只見滿滿的一井的水，那裏有個木頭，都笑將起來道：『濟顛說癡話，是慣了的，也罷了，怎麼長老也會癡起來呢？』監寺連忙走來稟長老道：『鷹架俱已搭完，井中只有水，不知扯些甚麼？』長老問濟顛道：『不知大木幾時方到？』濟顛道『也只在三五日中。長老若是要緊，須再買一壺酒請我，有酒明日就到。』長老道：『要吃酒何難？』卽吩咐侍者買了兩瓶，請他受用。濟顛也不問長短，吃得稀泥爛醉，又去睡了。長老到底有些見識，也還耐著；那些衆僧看見，便三個一攢，五個一簇，說個不了，笑個不休！

不期到了次日，天才微明，濟顛早扒起來，滿寺大叫道：『大木來了！大木來了！快叫工匠來扯！』衆僧聽了，只道是濟顛發瘋，那個來睬他。濟顛遂走入方丈，報知長老道：『大木已到井了，請長老去拜受！』長老大喜，連忙著了一領袈裟，親走到草殿上，佛前禮拜了，然後喚監寺，糾集衆匠工到井邊來扯木。監寺與衆匠工，也只得付之一笑，但是長老吩咐，不敢不來。及到了井邊，一看，那裏有根木頭的影兒？監寺要取笑長老，也不說有無，但請長老自看。長老走到井邊，低頭一看，只見井水中間果然露出一二尺長的一段木頭在水外；長老看見，滿心歡喜，又討一張毡條，對著井，拜了四拜，拜完對著濟顛說道：『濟公！眞正難爲你了！』濟顛道：『佛家之事，怎說難爲？但只可恨這班賊禿，看著木頭，叫他糾人工扯扯，尙不肯動手！」長老對監寺道：「大木已到，爲何還不動手？」監寺慢慢的走到井邊，再一看時，忽見木頭高出水面，方吃了一驚！暗裏想道：「濟顚的神通，眞不可思議矣！」忙命工匠繫下去，將繩上的鈎子鈎在木上，然後命人夫在轉輪上，扯將上來，扯起來的木頭，都有五六尺圍圓，七八丈長短，扯了一株，又是一株冒出頭來。長老向濟顚問道：「這大木有多少顆數？」濟顚道：「長老不要問，只叫匠人來算一算，要用多少，只管取。若彀用了就罷，也不可浪費。」長老因叫匠人估計那幾顆爲樑，那幾顆爲柱，到六七十顆，匠人道：「已彀用了。」只說得一聲彀用，井中便沒有得冒起來了。合寺僧衆，皆驚以爲神。這淨慈寺自有了這些大木，不一二年間，殿宇樓臺，僧房方丈已就，造得齊齊整整，比從前更覺輝煌。

這一日，濟顛正在雷峯塔下水雲間中，同常長老兩個吃酒，忽見寺裏的火工尋將來道：『長老著我尋你吃酒，快去快去！』濟顛聽是長老尋他，遂別了常長老，忙忙囘寺來見長老道：『火工說是長老呼喚弟子，不知有何法旨？』長老道：『我見寺中工程已有次第，心下稍安，故買酒請你，不道你已吃了酒來，不知你還吃得下否？』濟顛笑道：『我聞儒家孔聖人有言：食不厭精，膾不厭細，我前日亦爲佛家添了兩句道酒，不厭多吃不厭醉，有便只請拏來，怎麽吃不下？』長老聽了大喜道：『酒尚未飮，早已參破酒禪，妙妙妙！』叫侍者取出酒來，濟顛見了酒，就像未曾吃過的，拏上手甜甜蜜蜜，又是十餘碗，一面吃一面說道：『寺中多虧請得長老來作主，叫我相幫，今已成個模樣。只有兩廊影壁，尚未曾畫。是願未了，弟子放心不下。』長老道：『你既放心不下；何不再化一個顯宦，成全了也好？』濟顛道：『長老可叫監寺取出緣簿來查查看，臨安顯宦還有何人不曾布施？」監寺查來查去，只有新任王安撫未曾布施。濟顛道：「他既未曾布施，等我去化他，必要他喜捨三千貫，完畫壁之用，方才饒他。」長老聽說，皺著眉搖頭道：「這官萬不可去纏他，若去纏他，不但不肯布施，只怕還要惹出禍來！」濟顛問道：「這是何故？」長老道：「你還不知，我聞得此官原是個窮秀才，未得第時，常到寺院裏投齋，每每被僧人躲過，戲侮他，他所以大恨和尚，曾怒題寺壁道：「遇客頭如鱉，逢齋項似鵝。」這等懷恨，去化他何益？」濟顛道：「不妨事，他偏懷瞋，我偏要去化他。」

衆僧勸不住，濟顛竟帶著酒，瘋瘋顛顛一逕走到安撫府前，遠遠立在宣化橋上，探頭探腦的張望。適值王安撫坐在廳上看見了，大怒道：「我一個憲府，甚麼僧人，敢這等大胆在此探望？」吩咐虞候：「捉他進來。」那三四個虞候領命，一齊走到橋上，將濟顛一把捉住，拖到廳上跪下。安撫拍案大罵道：『你這禿驢！怎敢大胆立在我府門外橋上探頭探腦的張望？』濟顛道：『小僧是要求見相公，怕無人肯通，故不得已在此張望。』安撫道：『你且說為何事要求見我？』濟顛道：『聞知相公惱和尚，故特來分辨。』安撫道：『你如何得知我惱和尚？你又有些甚麼分辨？』濟顛道：『小僧也不敢分辨，只有一段因緣，說與相公一聽，求相公自省。』安撫道：『你且說來，說得好，免你受責罰，說得不好，加倍用刑。』濟顛道：『昔日蘇東坡與秦少游，黃魯直，佛印禪師，四人共飲，東坡行一令，前要一件落地無聲之物，中要兩個古人，後要結詩二句，要說得有情有理，又要貫串。如不能者罰……』

那時旁邊看的人，倒都替濟顛擔憂。濟顛却不慌不忙的屈着指頭道：『相公聽著！

蘇東坡說起道：筆毫落地無聲，抬頭見管仲，管仲問鮑叔，因何不種竹？鮑叔曰：只須兩三竿，淸風自然足。

秦少游說道：雪花落地無聲，抬頭見白起，白起問廉頗，如何不養鵝？廉頗曰：白毛鋪綠水，紅掌戲淸波。

黃魯直說道：蛀屑落地無聲，抬頭見孔子，孔子問顏回，因何不種梅？顏回曰：前村深雪裏，昨夜一枝開。

佛印禪師說道：天花落地無聲，抬頭見寶光，寶光問維摩，僧行近如何？維摩曰：遇客頭如鱉，逢齋項似鵝。』

王安撫聽了，打動了當年心事，忍不住大笑起來道：『妙語參禪，大有可思！且問你是那寺僧人，叫甚名字？』濟顛笑道：『小僧乃淨慈寺書記，法名道濟的便是！』王安撫大喜道：『原來就是做榜文叫通天耳的濟書記，果是名下無虛，快請起來！」重新相見過，就邀入後廳，命人整酒相留，安撫親陪，二人吃到投機處，濟顛募化道：『敝寺因遭風火，今蒙聖主并宰官之力，重建一新，惟有兩廊影壁未完，要求相公慨然樂助。』安撫道：『下官到任未久，恐不能多。既濟師來募，自然有處。』因天色已晚，就留濟顛宿了。到次早，就整理俸鈔三千貫，著人送到淨慈寺來。濟顛方謝別安撫，一同回寺。不知後事如何？且聽下回分解。

第十五回　顯神通醉後裝金　解寃結死人走路

話說王安撫將三千貫鈔，差人同濟顛押送到寺。長老與衆僧那一個不喝采道：『化得這一位宰官的錢，眞要算他的手段！』一面治齋欵待來人，然後打發回去；一面就請畫師來畫兩廊與影壁。不幾日，俱已畫完。長老與濟顛商量道：『如今諸事俱已齊備，只有上面的三尊大佛，不曾裝金。雖也曾零星化些，却換不得金子，幹不得正事，奈何？』濟顛道：『這不打緊，長老若將零星布施買酒來請我，我包管你裝這三尊大佛的金子是了。』長老道：『既是濟公慨然擔當，這裝金的布施，現在任你買吃可也！』濟顛大喜道：『既說明了，快快買來！待我吃得醉了，明日裝金也裝得厚些！』長老大喜，隨叫收貯僧，取出裝金的布施來，買酒請濟顛吃。濟顛吃得大醉，竟去睡了。到了明日，知裝金的布施還有，又要來吃，收布施的僧人，因是長老吩咐，便又買了請他。今日也吃，明日也吃，到十數日，前收的布施都吃完了。

後來的人，聽見裝金的布施，都是濟顛買酒肉吃完了，便不肯再布施。濟顛再要吃時，竟沒有了。監寺因對濟顛說道：『你吃裝金的布施，原說裝金就包在你身上。今布施已吃完了，不見你裝了一片金兒，故人心不信，不肯布施。你既有手段裝金，何不先裝起一尊來與人看看？人見了是眞事，然後布施攤來，只愁你吃不盡呢。』濟顛道：『你也說得有理，便要你可先墊出些銀子，買兩壺酒來，待我吃醉了，就好裝金。』監寺聽見他說吃醉了就裝金沒奈何，只得叫香火買了兩壺酒來請他吃。濟顛吃得不醉，又要監寺去買，監寺買來，濟顛又吃完了，還不大醉，又要監寺去買，監寺道：『你吃了三壺已醉得糢糢糊糊！怎只管要吃？這酒是我借銀子買來的。那裏有得許多？你且裝起金來，再請你也不遲。』濟顛道：『不是我苦苦要吃，但三尊佛的法身甚大，要許多金子，若吃得不盡醉，裝起來，酒醒了，剩下些裝不完，便費力了。莫若再買一壺來，待我吃得爛醉，便裝個一了百了，豈不妙哉？』監寺聽了，只認他說鬼話騙酒吃，因硬回他：『却也沒得買了，你也吃得彀了，就裝不完，多少剩下些，再化人裝完，也不是佛門的毛病。你且裝起來看看。』濟顛道：『既是這樣說，今晚我到大殿上去睡。』此時大殿新造得十分齊整，監寺怕他作踐，便道：『大殿上如何睡得？』濟顛道：『佛在大殿上，我不去料理，卻怎麼裝金？』監寺沒法，只得叫香火拏了鋪蓋，同他到大殿上去。濟顛便叫香火先將當中供桌上的香燈燭台都收開了，把鋪蓋放在上面。又吩咐監寺道：『可將殿門閉上，封好了，不許一人竊探，若容人窺探，裝不完時，卻休怪我！』吩咐畢，就在供桌上打開鋪蓋，放倒頭，酣酣的睡去。監寺見他屢屢有些妙用，不敢拗他，只得將殿門閉上，但有看得見的竅孔，都用紙頭封好。

此時天色近晚，眾僧放心不下，俱在殿門外探聽消息。初時，一毫影響也無。首座道：『不見響動，定是睡熟了。似此貪眠，怎麼裝金？』職事僧道：『且莫說貪睡，看他光光一個身子，金在那裏？』有的說：『都是長老沒主意，聽他胡言！』你也說說，我也講講，將交三更，忽聽得大殿內嘔吐之聲大作。

監寺聽了連連跌腳道：『不好了！我叫他少吃些，只是不肯住手，於今在供桌上，吐得腌腌臢臢，成甚麼樣？裝金之事，又是一場虛話了！』歇不多時，那嘔吐之聲，較前益大。衆僧道：『罷了，罷了！休要想裝甚麼金，快把門打開，早早請他出來，還省些力收拾。』監寺道：『總是吐汚的了，索性再耐他半個時辰，等他自出來，羞他一場，使他沒得說，連長老的嘴也塞住了。倘開早了他未免又借此胡賴。』衆僧道：『也是也是！』又捱了一會，殿中嘔吐之聲越發凶了；衆僧俱各氣忿不過，忍耐不住，定要開門。監寺禁約不住，只得聽他們將殿門開了；不開猶可，及開了一看，只見三尊大佛，渾身上下都裝得耀目爭光，十分精彩，那濟顛抱著西邊的大佛，在那裏乾吐，供桌上下那裏有一點汚穢。濟顛早跳下來，埋怨監寺道：『我說酒不彀，叫你再買一壺吃足了，便好成全大事，誰知你十分鄙吝！苦苦的捨不得，而今右邊大佛右臂上還有尺餘沒金裝了，你若聽信我言再捱一刻開門，苦著我嘔腸空肚，或者裝完也未可知，你又聽憑他們！開了門進來，如今剩下這尺餘怎麽處？我須與長老說明；不要怪我做事不徹底。』監寺見他如此神通，方連連認罪道：『是我不是了！』遂報知長老。長老大喜，忙忙起來，洗了手面穿上袈裟走到大殿上來。職事僧撞鐘擂鼓，將合寺衆僧集齊了，一同瞻禮裝金的佛像。衆人看見金光奪目，比尋常的金大不相同，無不贊嘆稱異。及看到右邊佛臂上少了尺餘金子，問知是酒買少了，及開早了門之故。長老大怒『罰那監寺賠出銀來，買金裝完！』監寺沒奈何，只得買了金子，叫匠人賠裝上去，却是作怪，任你十足的赤金裝在上面，比著別處，覺得淡而無光。到了後來，惟有此處剝落，餘俱不壞，方知佛法無邊，不可思議。正是：不是聖人無聖跡，若留聖跡定非凡；禪參幾句糊塗語，自認高僧豈不慚？

一日，濟顛到了九里松去閒游，遇有一個財主家，蓋造三間廳房，正待上樑，看見濟顛走過，知他口靈，便邀住了，求他說兩句吉利些的佛語，討個采頭。濟顛道：『佛語儘有，只要酒吃得快活，說來方才靈驗。』那財主忙叫人搬出酒肴，儘他受用。濟顛一連吃了十三四碗，有些醉意，便叫道：『吉時已到，快些動手！』衆匠作聽了，忙忙的將樑抬起，安放停當。濟顛高聲唸道：

『今日上紅樑，　願出千口喪。　妻在夫前死，　子在父先亡。』

濟顛唸完，也不作謝，竟一直去了。那財主好生不悅道：『這和尚原來無賴！我好好將酒請他，要他說幾句吉利話兒，他卻是說喪說亡的，這等可惡！方才該扯住他，罵他一場才好！』那匠作中，有一個老成的道：『這和尚唸的，句句是吉利話，你怎反怪他？』財主怒道：『死亡倒說是吉利麼？』匠作道：『你想想看，這三間廳屋裏，若出到千口喪，快也過得幾百年了。妻死夫前，再無寡婦了。子在父亡，永不絕嗣了。人家吉利，莫過於是。還不快趕他回來，拜謝他』那財主聽了，方才大悟，急急叫人去趕，已不知往那裏去了。

那濟顛走到一個餛飩店前，店主認得是濟顛，便邀入店中吃一碗茶。濟顛吃完了道：『我感你請我的一番好意，沒甚報答，你取筆硯來，待我將餛飩爲題，做幾句寫在壁上，與人看看也好！』店主忙取出筆硯來，濟顛提起筆來寫道：

外象能包中存善受。捍出頑皮，揑成妙手。我爲生財，他貪過口。砧几上難免碎身，湯鑊中曾翻觔斗。撈身只可救飢，沒骨不堪下酒。把得定，橫吞豎吞，把不定，東走西走。記得山僧嚼破時，他年滿地一時吼。

濟顛方才寫完，忽一個後生，滿臉焦黃，剛走到店門前，一交跌倒了，看看已是沒有了氣。店主驚得手足無措，連連頓足道：『這個無頭人命，那裏去辨得明白？」濟顛道：『不要慌！待我叫他去了罷。』遂向死人作頌道：『死人你往是何方？爲因何病喪街坊？我今指出一條路，向前靜處好安藏。』唸罷，只見那死人一軸轆子扒將起來，竟像活的一般，又往前而走，奔到嶺脚下，又跌倒死了。店主幷四鄰地方看見，喜之不勝，感荷不盡！正要作謝，濟顛乘空早一逕走了回寺。

忽一日，濟顛偶在寺門前只見陰雨密布，雷電交作，有一後生奔至寺來躲雨。濟顛將法眼看去，見他頭上已插了該殛之旗，因問道：『你姓甚麽？做何生意？家中還有何人？』那後生道：『我姓黃，在竹竿巷糶米，家中還有八十歲的老母。』濟顛道：『你平日孝順麽？』後生道：『生身之母，怎麽不孝順？』濟顛道：『你既孝順，爲何該遭雷打？皆因前世造假銀害了人命不少，也罷，我且救你！』引後生進至方丈，擺正一張桌子，叫後生躲在桌下，自己脫下所穿的衣服，替他四面圍著，却赤身盤膝，坐在桌子上，候那天雷交加之際，唸頌道：「後生後生！忽犯天焚。前生惡業，今世隨身。上帝好生，許汝自新。我今救汝歸奉母親，好修後來，以報前恩。諸惡莫作，衆善奉行。」頌訖，只見那雷電繞轟三次，無處示威，只空响一聲，把那階前的一株松樹，打得粉碎。後生躲在桌子下，魂都嚇散了，只等那風雨止，雷聲息，才敢出來，叩謝濟公救命之恩而去。正是：雖仗佛威不使，佛力起死囘生，雷神消跡。

又一日，在錢糧司前，有一尼姑庵內有一口鐘，却原來是鐵的，其聲不揚，思量要募化一口銅的，正要尋個名士寫疏。聽得淨慈寺的榜文是濟顚作的，有些妙處，感動皇上。這尼姑要求濟顚來寫。正叫那香火道人到淨慈寺去請他，不期走出寺門前，又遇了他立在這寺門首，道人一見大喜道：「濟師父來得湊巧，院主叫我來請你。」濟顚道：「請我必是吃酒。」遂同入庵，道人忙報知院主，院主卽刻出來相見道：『敝庵只有一口鐵鐘，看來不雅，其聲亦不揚，要想募化一個好施主，鑄一口銅的。聞知長老寫得好疏文，故特意相求。』濟顛道『這不要緊，若要今日完成，今日就有施主承當，我只要有酒吃。』院主道『本該請師父吃酒……且我們係女僧，若請老師吃酒，惹人談笑……小尼姑從來戒酒。』濟公聽了沒酒吃，立起身子往外面走。院主忙忙留住道：『老師父你也太性急了！且坐下慢慢來作商量。』濟顛道『沒甚麼商量，酒是要吃的，若沒酒吃，勉强寫了也無靈感。』院主道『我倒有一罈久窨的好酒，捨不得與人吃的，今日要請長老吃了。』濟公道：『如果是久窨的更好。』院主叫人取去，排列許多肴饌，濟顛十分歡喜，一上手便吃了二十多碗，吃得好不暢快。院主拿出疏頭，濟顛便提起筆來，信手揮成四句道『尼庵有鐘，是鐵非銅。若要銅鑄，連松智松。』寫畢，竟丟下筆，不辭而去。院主拿來一看，看見上面寫的却是游戲之語，只此寥寥四句，甚不像募化的疏文。看完暗想道：「酒又吃盡了，疏文又寫壞了！」正在懊悔不已，忽見兩個大官宦走入寺門，乃是王太尉的舍人，一個名叫連松，一個名叫智松。兄弟二人因送王太慰的柩，自虎邱囘來，各處游玩，忽走入尼庵來，見那尼姑拿起一本募化的疏簿在那裏看，因問道：「化甚麽的緣簿？取來我看！」尼姑就遞與他，一看正是募化銅鐘一口。二舍人接了緣簿，看見上面寫出連松智松二名字，不勝驚駭！便問道：「這疏是何人寫的？」尼姑道：「是淨慈寺書記濟顛寫的。」二舍人聽了道：「聞人傳說他本有些靈異！今日依這幾句疏看來，眞正是個活佛了。他怎知我二人名字，今日知我入寺閒游，預定要化我這口鐘呢？我二人只得一力完成。」院主聽了，滿心歡喜，叩請道：「濟公果是不凡！寫疏文之時，他許我今日就有大施主來完成，今果蒙二位官人發心捐化，信乎非謊！』即留二舍人吃齋。那二位舍人就吩咐，次日到寓所領銀，完成美事。正是化緣如索逋，施濟如還債。化的不涙求，還的才爽快。

一日，濟顛正在打睡，忽有一個老兒，拿著一片香，來尋濟顛書記。有人指說在雲堂裏打睡，那老兒竟入雲堂。濟顛聽見脚响，打開眼一看時，只見老兒在胸前取出一片香來，向著濟顛下拜道：『小人乃是老劍營街行首藍月英的父親，不幸女兒月英身故，安排明日出喪，到金牛寺門前焚化，求老師恕他罪孽深重，與他下一把火，超度超度。』濟顛允了。次日，叫一個小船，渡到石巖橋口上岸，只見那送藍行首的親眷都來了，把棺材抬到金牛寺前放下。藍老兒遂請濟公下火。濟顛道：『你要我下火，把幾串錢與我？』老兒道：『已安排百串在此相謝。』濟顛道：『不消百串，只用五串錢，買幾瓶酒來喫了，方好下手。』藍老兒即刻去抬幾罈酒來，濟顛喫了，手執火把，高聲唸道：

『綠窗曾記畫娥眉，萬態千嬌誰不知？到此已消風月性，今朝剝下野狐皮。藍行首，藍行首，賦姿何妍，作事何醜。鴛鴦枕上夜夜生財，雲雨場中，朝朝配偶。只知嬌麗有常，不料繁華不久。一旦浪子覺悟，方知色即是空，忽然花貌凋零，始覺無來有去。山僧聊借無明，爲汝洗凡脫骨，此際全叨佛力，早須換面改頭。

咦！掃盡從前脂粉臭，自今以後得馨香！』

濟顛唸罷，把火一下，匆匆而去。藍老兒這夜夢見女兒對他說：『多虧我爹爹，請得濟公羅漢下火化身，我今已投生於富貴人家矣！正是轉移須佛力，解脫在人心；修到蓮花性，污泥自不侵。

又一日，走到萬工池前，見一夥人在那裏吃螺螄，將螺螄的屁股夾斷，用一個剌針兒挑肉喫。濟顛一見，唸一聲：『阿彌陀佛！』卽說：『此物有甚滋味，害了許多性命！不若捨與我貧僧，放了生罷。』衆人聽了此言，大笑道：『老師父不要取笑了！已夾去屁股的死螺螄，怎麼放得生呢？』濟顛道：『你們若肯放，就沒有屁股也可生得；若不肯放，便是死的了。生死只在你們肯與不肯，一轉念間。』衆人盡把那吃的螺螄，都交與他道：『你旣是如此說，我們願捨了，請老師父放個生的與我們看看。』濟顛接在手中，一齊拋入池中，口唸道：

『螺螄，螺螄！亦莫寘物資。命雖微賤體亦有知。縱不幸遇饞人而死於鼎鑊，豈無緣仗佛力而生於淸池？莫嫌無屁股，須知是便宜。咦！自今仍赴淸泉水，好伴魚龍一樣游。』

衆人臨池一看，只見那些死螺螄，依然洋洋油油的一齊活了，不勝驚訝，折轉身來要問他的原故，那濟顛不知向那裏去了。故至今萬工池中之螺螄，相承都沒有屁股的，傳爲古跡。正是：慘毒是生皆可死，慈悲無死不能生；總推一念中分別，莫盡誇他佛法靈。

濟顛又一日出寺，要尋酒喫。沈萬法道：『弟子偶得了一些幫襯錢在此，買瓶酒來與師父喫罷，省得又去東奔西走的閒撞。』濟顛道：『今日倒不閒撞，——因有一段宿業，要去指點他們去償還了，清消一案，恐怕錯了期，便是怨報不了。』說罷，遂一直到飛來峯住的張公家中。張公不在家裏，張婆見濟顛來了，便請他入內坐下，說道：『你師父是個好人兒喲！我的阿公去年七月間生痢疾，幾乎死了，直到於今才好。你卻不記挂來看看！』濟顛道：『因爲記挂，故今日特來相望，卻又不在家了！』張婆便整治些酒肴與他喫，連忙喫完了道：『我常來打攪你們多了，殊覺沒情理。明日我也要作個東道，請請你阿公，阿公囘來，叫他明日千萬要到東花園前，十字路口來尋我，我在那裏老等他。』張婆道：『是怎的反要師父費鈔？』濟顛道：『不費甚麼，千萬老等！』言訖，竟囘寺去了，張公囘來，張婆把他的話細細說了，張公笑道：『他和尙精光一個身子，空空的一雙白手，有甚麼來請我？只怕是說酒話！』婆婆道：『說了又說，千萬叫你准去，并不是酒話！』張公暗想道：『東花園去也不遠，便是空走一囘，也不打緊。』到了次日，張公一逕走到東花園十字街口，四面找尋，那裏有個濟顛的影兒，又耐煩等了半日，不覺肚內飢將起來了，又自己肚裏埋怨道：『我的婆婆聽了他的醉話，我又不醉，卻如何直到這樣作癡？只好到麵店中，去買些麵喫了，囘家去罷！』遂走入一個麵店裏，喫了一碗麵，肚中不覺得漸漸的疼痛起來了，忙忙找著一個毛廁屋，就去大解一回，剛剛走入毛廁內，抬頭一看，——不看猶可，這一看卻有分別。正是：前生宿債今生了，後世冤家今世消。不知張公在毛廁上面看見了些甚麼，且聽下回分解。

第十六回　不避嫌裸體治癆　恣無禮大言供狀

話說那張公走進毛廁裏去，抬頭一看，只見毛廁旁邊矮柱上，挂著一個料袋，用手一捏，知道是硬東西，連大解也不解了，忙解開了繩子，將料袋裹在腰上，忙忙走回家中去，打開一看，却是十錠白銀，兩口子好不歡喜。過了一夜，到次日早飯後，只見濟顛慢慢的走將來，叫聲：『張公！你這時候還不出門，想是昨日得彩了。』張公道：『你好不老實，你約定請我，卻使我丟了一日工夫，走到東花園來，那裏見你的影兒？弄得我肚裏餓不過，只得自買麵喫。』濟顛笑道：『我雖不曾自來請你，你自家喫了，也只算是我請你。

」張公笑道：『這是如何算得？須是你拿出銀錢來，才算是你請我。』濟顛道：『料袋裏的東西，不算我的，難道倒算你的？』張公張婆兩個聽了，不禁大笑起來，知道瞞他不過，便道：『果然虧你指點拾得些東西，就算是你請的罷！』濟顛道：『昨日既算我請你，明日還有一段因果，須是你請我。』張公道：『明日我就請你，只是你不要失約又不來！』濟顛道：『我明日一准等你。』說罷，就作別而去。

到了次日，張公果眞的又走到東花園前，只見濟顛已先在那裏望，張公笑道：『你好！自己請人便躲避不來，別人請你，卻來得這早！』濟顛聽了大笑起來。兩個攜著手兒，同到一個酒店裏坐下，叫酒保燙酒來吃，吃了半晌，濟顛道不吃了：『我們且去看看來！』張公忙會了鈔，同他走出店來，早遠遠望見東邊毛厠門首，擾擾攘攘圍著許多人在那裏看。張公不知何故？

忙忙走上前，分開衆人，走上前一看，只見昨日挂料袋的那根矮柱上，有一個人把條汗巾縛了頸，吊在上邊打鞦韆。張公吃這一驚不小！心頭突突的亂跳，忙走出來，悄悄的對濟顛道：『東西雖得了，但這個罪過如何當得起？』濟顛道：『只管放心！一些罪過也沒有。』張公道：『他定是失了銀子尋死，雖不是我偷他的，卻是我拾的，怎不罪過？』濟顛道：『你不知有一段因果，你前世是個販茶客人，這人是個腳夫，因欺你是個孤客，害了你的性命，謀了你五千貫錢，故今世起利送來還你，這人吊死，是一命塡一命。自此以後，與你兩無寃孽，故此我昨日叫你來收這宗銀子，以結前案，省得被他人拿去了，後來又寃纏不了。』張公聽了，才放下心，相別而回，不提。

那濟顛獨自一個走入城來，信著腳走到淸和坊王家酒店門首。那店主人，每常見了濟顛，便歡歡喜喜的斯叫，這一日全不睬著。濟顛道：『我又不來睬你的酒吃，爲何裝出這樣嘴臉來？』店主人聽見有人訴說，他方定了神，看見是濟顛，連忙賠罪道：『原來是濟師父！小人因有些心事，出了神去，竟不曾看見。師父莫怪，且請裏面坐一坐！』濟顛道：『你心下有甚事，這等出神？』店主人道：『不瞞師父說，小人有個女兒，今年十九歲，甚是孝順，不期害了一個怯症，已經半年，日輕夜重，弄得瘦成枯骨，醫生也不知請過了多少，總不見效，多半是個死數，老妻又日夜啼啼哭哭，故此小人心中十分懊惱，一時出了神去，不曾看見師父。』濟顛道：『這個叫做癆病，又叫肺病。你肯伴著女兒同我坐一夜，包管你就好！』店主人道：『小人的女兒已是個死人一般，師父又是個高僧，這又何妨？』濟顛道：『你既說不妨，我包管你醫好！但是快將好酒來吃，吃得爽快，好得爽快！』店主人久知濟顛行事多有靈感，連忙拿出酒來請他吃。那濟顛只顧一碗一碗的吃下去，直吃到十七八碗，見天色已晚，方吩咐主人，叫他將女兒臥房內，四圍的窗戶壁隙，都用紙糊得緊緊的，不許透一點風氣。將香湯替女兒身上洗得潔潔清清的候著。自家又是三五碗吃得爛醉如泥，然後走入女兒的臥房內，將房門關得緊緊的，自卻坐在床上，脫去上身的衣服，露出了個精脊背，叫那女兒也脫了上身衣服，露出脊背來，與他背貼背手勾手而坐。一面口裏又唸道：『癆蟲癆蟲，身似蜜蜂，鑽入骨髓，食人血膿。患者莫救，醫者難攻，運三昧火，逐去無踪。』那女兒被濟顛勾著手背貼背的坐著，初時不覺，及至坐久了，濟顛的三昧眞火發將起來，燒得那些癆蟲在女子脊背中鑽上鑽下，沒處存身，女子被癆蟲鑽得又痛又癢，只想將脊背拆開，濟顛將兩隻手反勾緊了，略不放鬆。直坐到五更，濟顛的三昧眞火愈旺，那些癆蟲熬不過，只得從鼻孔中飛了出來，那女子就一連幾個噴嚏，濟顛已知是癆蟲飛出，連忙放了手，急急下牀來捉時，不道窗外有一個人，將窗紙揑破了來偷看，那癆蟲就乘隙處走了，又遺害別人。濟顛十分怨恨，開了房門，出來對店主人道：『你女兒得了我的三昧眞火，助起元神，不但癆蟲驅出，自此百病不生了。』店主人夫妻兩個聽了，好不喜歡，伏在地下，僕僕拜謝，又拿出五兩銀子來謝他。濟顛道：『我乃出家人，要銀子何用？但有酒再拿兩碗來吃了，好走路！』店主人應聲不及的取了酒來，拿兩樣蔬菜，濟顛又吃了十餘碗，作別出門。

回到寺中來，剛是陳太尉因日前濟顛訪他，府中有事，不曾留得他，今日特意整治了一對鴿子，一罈美酒，差人送到寺中請他。誰想那個差人也是個好酒的，走到半路上，聞著這酒香，忍不過，就借人家一隻碗，偷了一碗酒，揭開了盒蓋，又偷下一隻鴿子翅膀來，一齊吃在肚裏，吃得快活。暗想道：

『就是神仙也不知道。』及走到寺中恰遇濟顛囘來，遂將酒與鴿子交與濟顛道了太尉之意就要別去。濟顛道：『你且略坐著，好讓我出空了盒子去！』就叫沈萬法去取出一隻碗，一雙筷子來，將碗兒盛著酒，就用筷去夾那鴿子肉來下酒，不一時，酒也吃完，鴿子肉也吃盡。那差人就要收了盒子酒罎囘去，濟顛道：『你且住著，酒多少些，入了肚無贓，也就罷了，只是這鴿子肉少了一隻翅膀，卻是怎說？』那差人見濟顛將鴿子肉吃得一空，那裏去查帳，便强硬道：『酒是走急了，或路上撞潑些，也不可知。這鴿子，是老師父完全吞下肚裏去，怎說這話來寃我？』濟顛道：『你說我寃你？麽還有個見證，你速看去！』遂走到階前，仰著面向天一嘔道：『鴿子出來罷！』只見喉嚨裏呱呱有聲，急飛出兩隻鴿子來。一隻翅膀是全的，便飛在空中去了一隻只有半邊翅膀，飛不去，只在階前跳來跳去。濟顛對著差人道：『你見麼？於今還是寃你不成？』差人看見濟顚如此神通，嚇得跪在地下，只是磕頭道：『小人該死了，只求老師父方便了！』濟顚笑一笑，向那鴿子作頌道『兩翅雙飛，一翅單飛，雖然吃力，强足濟飢。』頌罷那鴿子將一隻翅膀振一振，突然飛去。正是不可思來不可議，玉手爲之宛游戲，始知菩薩一點心，俱要普爲萬物利。

又一日，濟顚出門閒走，遇見一個畫師，扯著他道：『我昨日一時高興，偶畫了一幅喜神在此，你可細看看，那像那個？』濟顚同他走進去一看，大笑道『醜頭怪面倒像我的嘴臉，我又無錢送你，爲何替我畫了出來？』畫師道『我感你做人好，故此替你畫了，但是你須自家題幾句在上面，方好看。』濟顚道『這個容易。』遂討出筆硯來，磨得墨濃，提起筆來寫道：『面黃如蠟，骨瘦如柴，這般模樣，只好投齋。也有些兒詫異，說禪不用安排。』

濟顛題罷，謝了畫師，拿了軸子，一逕進城，到徐家裱褙鋪來，央他裱。徐家原是淨慈寺的主顧，又與濟顛相好，千歡萬喜的留他吃酒。濟顛見了酒，也不問長短，直吃得爛醉如泥，方才出門，腳高步低，東一歪西一撞，方走到清和坊，早一交跌倒在地，扒不起來，竟閉著眼睡著了。

恰値馮太尉的轎子經過，前導的虞候見了，忙呼喝他起來。濟顛道：『你走你的，我睡我的，干你甚事？』兩下正在爭嚷，太尉的轎子早到面前，喝罵道：『你這和尚乃是出家人，怎如此無禮！』濟顛道：『我多吃了一碗酒，一時走不動，在此暫睡睡，你問我怎樣？』太尉大怒道：『你一個和尚就敢挺撞我駕，但管你一番！』吩咐四五個虞候，將濟顛扛到府中堂廳放下，喝道：『你這和尚，既入空門，須持五戒，（殺盜淫妄酒）卻貪酒顛狂，睡倒街坊，怎說無罪？』叫從人：『將紙筆與他，問他是何處僧人，有何道行？可照實供來！』濟顛接了紙筆，寫供道：

南屏山淨慈寺書記僧道濟，幼生宦室，長入空門。宿慧神通三昧，辯才本於一心，理參無上妙用不窮，雲居羅漢惟有點頭，秦州石佛自難誇口。賣響卜也吃得飯，打口鼓儘覓得錢，倔强賽過德州人，蹊蹺壓倒天下漢。尼姑寺裏講禪機，人都笑我顛倒，娼妓家中說因果，我卻自認瘋狂。唱小詞聲聲般若，飲美酒碗碗曹溪，坐不過禪床上醉翻，觔斗戒難持，盂鉢內供養唇兒，袈裟蕩子盧婦皆知，好酒顛僧禪規打倒，圓融佛道，風流和尚醉昏昏，偏有清閒忙碌碌。向無拘束，欲加之罪，和尚易欺，但不犯法，官威難逞。請看佛面，稍動慈悲，拿出人心，從寬發落。今蒙取供，所供是實。

顛濟寫完，呈上。馮太尉雖不深知其妙，但見他揮灑如風，暗自喜歡，及見他名字是道濟，卽驚說道：「原來你就是淨慈寺書記！但我同僚中，都說你是個有意思的高僧，爲何這等倒街臥巷？莫非是假的！我聞得濟和尙做得好詩，你且做一首供招詩來，我看看便知眞假。」濟顚道：「要做詩，是越發容易。」遂提起筆來，題詩一首道：

削髮披緇已有年，惟同詩酒結因緣。坐看彌勒空中戲，且向毘盧頂上眠。撒手便能欺十聖，低頭端不讓三賢。茫茫宇宙無人識，只道顚僧擾市廛。

題畢，呈上。太尉大喜道：「好詩！好詩！想眞個是濟顚僧了！但今日有此一番，不便加罪。」叫左右：「且放他去罷。」濟顚哈哈大笑道：「我和尙吃醉了，衝撞了太尉，蒙太尉高情放了，只怕太尉查不出玉髓香，朝廷未必輕易肯放你呢！」太尉聽得濟顚說出玉髓香三字，嚇得呆了半晌，連忙問道：「這玉髓香，濟師莫非知道些消息麼？」濟顛又笑道：『貧僧方才供的賣響卜也吃得飯，這些小事，怎麼不知？」太尉聽說他能知道，滿心歡喜，連忙走下轎來，將濟顛親自扶起來，重新見禮，分賓主坐下，問道：『濟師既知，萬望對學生說明！」濟顛道：『貧僧一肚皮的酒，都被太尉驚醒了，清醒白醒說來，恐怕不准！除非太尉布施一壺，還了貧僧的本來面目，或者醉了，反曉得明白。」太尉沒奈何，只得吩咐當值的，整治酒肴出來與他吃。正是：禪機不便分明說，假作糊塗醉裏言。畢竟不知這玉髓香有甚來歷？濟顛就曉得馮太尉就這等著忙？且聽下回分解。

第十七回　死夫妻訂盟後世　勇將軍轉蠢成靈

話說這玉髓香，乃是三年前，外國進貢來的一種異香，朝廷取來燒過了，就吩咐馮太尉收好，太尉奉旨就放在寶藏庫中第七口櫃內。到了上年中秋夜，皇上聖體不安，皇太后取出來燒了一些，祈上天保佑，又隨手放在內櫃的第三口櫃內，皇上不知。因今要燒這香，原叫馮太尉去取，太尉走去取時，已不見了，心中著慌，不敢回旨，故私自出來，求神問卜，恰遇著濟顛睡在街心，氣惱起來，正要將他出氣，故有此一番箭問。今見濟顛說著他的心事，怎麼不驚？又聽見他說知道消息，怎麼不喜？只得備美酒請他，求他說出。濟顛直吃到爛醉如泥，方慢慢的說道：「這香是舊年中秋夜，皇太后娘娘因祈保聖安，取出來燒了，就順便放在內庫第三口櫃裏。你何故問也不去問一聲，卻瞎悶悶亂尋呢？」說罷，竟辭別而去。那馮太尉半信半疑，卻飛奔入朝去查，果在內庫第三口櫃內。連皇太后娘娘也忘記了，方信濟顛竟是未卜先知的一尊活佛。

那濟顛一日在西湖上閒玩，忽見許多人簇擁著兩口棺材，遠看又似一起，又像兩起；又見有幾個少年好事的，三三兩兩的，在那裏議論。濟顛聽一聽，原來前面一口棺材，是王員外的兒子王宣教；後頭又一口棺材，乃是陶斯文的女兒陶秀玉，二人郎才女貌，私相愛慕，兩個往來，一個願娶一個願嫁，誓不他適。後來兩家父母曉得了，說他們不端，逼令別行嫁娶，二人拗不過父母，又不忍負盟，遂相約了，逃出湧金門，雙雙投湖而死。兩家悔恨不及，只得各自撈起，各自買棺成殮，各自叫人抬去燒化。——把這事當做新聞，在那裏說。濟顛擠上去說道：「若是這段因果，他兩人心還未死，只怕燒他不著，除非我去，方可燒化得。」衆人聽了，那裏肯信？不道王宣教的棺材抬在興教寺，陶秀玉的棺材抬到金牛寺，兩處舉火燒，果然盡燒不著。兩家父母各自驚駭，不知何故？又有那個好事的，將濟顛的話傳到那兩家父母的耳裏，兩家只得央同衆人，來請濟顛。濟顛道：「要我下火也不難，但是酒少不得的！」兩家父母道：『有酒在此，聽憑師父吃就是。』濟顛先同到興敎寺，王員外忙取出酒來請他。濟顛一連吃了七八碗，方對衆人道：「他二人前世原是一對好夫妻，只嘴不好，破了人家親事，故此，今生父母不遂其願。但二人此一死，雖說是情，却有些氣節，來生仍然是一對好夫妻。你們將他兩處燒化，如何肯心死？待貧僧移來合化，方可完前因後緣！」王陶兩家聽他說明因果，不敢違拗，遂叫人將陶秀玉的棺材，也抬到興敎寺一處。濟顛手執火把，作頌道：

『今生已死後生生，死死生生總是情。既死水中全不怕，定然火裏也無驚。移開再活心留恨，相傍成灰骨也榮。漫道赤繩牽不住，蓋棺而後忽親迎。

！咦憑此三昧火光，認取兩人面目。』

唸能舉火，燒得烈焰騰空。只見兩個棺中，各透出一道紅光，合做一處，冉冉而去，衆人無不驚異！直待化完，王員外又請濟顛吃酒，已不知走向那裏去了。

那濟顛一日同沈提點，打從官巷口徐裱褙店門前走過，忽看見壁上裱著濟顛的軸子。沈提點近前一看，稱贊道：『的十分像！但贊得太少，不足盡你的妙處，且上面遠望著許多白紙，何不再贊幾句？』濟顛笑道：『恐怕無可贊處了！』因叫徐裱褙起下來，又寫上幾句道：

遠看不是，近看不像，費盡許多工夫，畫出這般模樣。兩隻帚眉，但能掃愁；一張大口，只貪吃酒。不怕冷，常常赤脚，未曾老，漸漸白頭。有色無心，有染無著，睡眠不管江海波。渾身襤褸，顛倒任他塵俗氣，一念彌陀。桃花柳葉無心戀，月白風清笑與歌。有一日倒騎驢子歸天嶺，釣月耕雲自琢磨。

濟顛題罷，沈提點道：「如今不覺這軸子上有些精神！」遂邀了徐裱褙一齊到通津橋酒樓上去。三個人說說笑笑，直吃到傍晚，方各散去。

此時是七月天氣，杭州風俗喜鬬促織兒，那些太尉內臣，尤爲酷好，往往賭大輸贏。却說東花園土地廟隔壁，一個賣青果王公的兒子，叫做王二，專靠著捉促織兒賣。一日五更，出正陽門捉促織，剛走到苧蔴邊時，聽見一個在裏面叫得好，分開了苧蔴一看，只看見一個促織兒站在一條火赤練蛇頭上，吃了一驚，忙便取塊石頭，照著蛇身上打去。蛇便走了，那促織早已跳在地上。王二忙向腰間取出罩兒來趕著罩了，再細看時，却十分生得好，不勝大喜，急急回家，叫老婆取乾淨水浴一浴，放在盆內，用好食料養過兩日，拿出來合人鬬，就一連贏了幾場，一時竟出了名。一日，王二正鬬贏了，打從望仙橋上過恰遇著張太尉喝道回來，王二手裏捧著盆兒，立在旁邊讓他過去。不道張太尉最喜的是促織兒，看見王二捧著盆兒，便吩咐住了轎，叫王二向前討看。王二將促織呈上，太尉開盆一看，見生像比平常不同，滿心歡喜對王二道：『你把這虫兒賣與我罷！』王二道：『這個蟲兒乃是小人父親所愛，相公要買，須待小人回去與父親說了，然後送來。』太尉道『你若肯賣得我，與你三千貫錢，一副壽板。』王二謝了，忙回家與他父親說知，王公道：『太尉既肯出許多東西，怎的不賣？須快快送去，不要錯過了！』王二道：『今日送去，太覺容易不值錢！明日送去罷。』遂將盆兒收進去放好，自卻出門去閒走耍耍。卻說這張太尉見了這個虫兒十分愛他，又不見王二送來，隨差一個幹辦，叫一個栅頭同到王家討信。王公接著說道『鬬一場贏一場，眞實好個虫兒！』栅頭道：『人人說好，我倒從未曾見。』王公道

『待我取出來與你看看！』遂到裏面去掇出個盆兒，放在桌子上，揭開蓋要叫柵頭來看。不意那虫兒早一跳跳出盆來，直跳出門外去了。三個人連忙趕出來捉；却被鄰家一隻雞兒走將來一嘴啄將去吃了。王公看見氣得啞口無言，幹辦與柵頭說道『王公好沒造化！三千貫錢一副壽板，白白的送掉了！』只得去回覆太尉，不題。

不多時，王二回來，王公料是瞞他不過，只得將幹辦與柵頭要看，被雞吃了之事，細細說了一遍。王二急得亂跳，把桌子推翻，將碗盞盤碟打得粉碎，又不好埋怨他父親，心上又氣不過，只得走出來散悶，剛走到十字路口，忽撞見濟顛笑吟吟的從對面走來，向王二道『你不消氣！若肯請我吃一醉，我包管與你鄰家這隻雞兒，討還你的原虫兒。』王二暗想道：『他怎知我的促織兒被雞吃了？這話甚是蹊蹺！』便道：『請你不難，憑老師父吃個大醉，但須先要講明，若沒有原虫還我那時，脫褊衫，還酒錢，老師父莫要怪！』濟顛道：『貧僧從來不說謊語，你但請放心。』王二也是個好酒的，況正是心中納悶時候，也不管三七二十一，就同濟顛到一個酒店裏去你一碗我一碗，直吃得稀泥爛醉，方才起身。王二醉則醉，事在心頭，臨出門時，還問濟顛道：『酒已請你吃了，虫兒幾時還我？』濟顛道：『明早五更頭，若沒有，只管來剝褊衫；若有了，卻還要請我吃一頓。』王二道：『若果眞有了，便再請你。』兩人別了，王二逕回到家裏。王公怕兒子瑣碎，躲在房中不出來。王二酒又醉，心又氣，跌倒在牀上，就睡著了一覺。直到五更才醒轉來，只聽得唧唧的叫，又驚又喜，慌忙扒下牀來，聽一聽，卻是在盆裏的聲音。推開窗子，放入月光來，將盆兒掇到窗前，揭開蓋一看，那個原虫兒卻好端端的在裏面。原來日間雞吃的，乃是三尾賍子，王二看得分明，滿心大喜，忙叫父親道：「阿父！你不要著急了，日間鷄吃的乃是三尾聒子，原虫兒自在！」王公聽了道：「好呀好呀！」也扒起來。王二又將濟顛許還的話，說了一遍，父子兩個好不歡喜！也不再睡。坐到天明，王二叫老婆收拾早飯吃了，掇隻盆，竟投張太尉府中來，門公報知張太尉，太尉叫王二進去，問道：「昨日幹辦來，說這虫兒被鷄吃了，甚是可惜！你今日莫非有個好的送來麽？」王二道：「昨日父親拿出來看，不知被鷄吃的，乃是三尾聒子，這個好虫兒端然在此。」太尉大喜，收了促織兒，就發出三千貫錢，一副壽板與他。王二拜謝了，叫人扛了回去，果眞的去尋濟顛，又請他吃了一頓酒。

却說張太尉得了這個促織兒，當日就拿去與石太尉鬬只一場，就贏了石太尉三千貫錢，一連鬬了三十餘場，場場皆勝。張太尉喜之不勝，因替他取個乳名，叫做王彥章，愛之如寶。不期養至深秋，大限已到，太尉甚是疼惜，打個銀棺材，盛了香花燈燭，供養了三七二十一日，就與他出殯，請了濟顛來與他下火，棺至萬家路，濟顛乃手執火把唸道：

『這妖魔本是微物，但窩在石窟泥穴，時當夜靜更深，叫徹清風明月；聒得天涯游子傷心，叫得房中寡婦泣血，沒來由只顧催人起貪嗔，費盡自家閒氣力。既非是爭田奪地，又何苦盡量抵敵？一見面怒目張牙，再鬪時揚鬚鼓翼，贏者振翅高鳴，輸者走之不及。得利則寶鈔盈千，賞功只水飯幾粒，縱有金玉雕籠，都是世情空色。倏忽天降嚴霜，任你彥章也熬不得。伏此無明烈火，及早認出本來面目。咦！托生在功德池邊，相伴唸阿彌陀佛。』

濟顛下火畢，忽一陣清風起，在空中現出一個青衣童子，合掌當胸向濟顛稱謝道：『深感我師點化，弟子已得超昇矣！』言訖不見。張太尉看見，滿心歡喜，邀請濟顛到府中吃酒。是夜，就在太尉府中住了。

到了次日別了太尉回寺，打從王錦衣府前過，忽聽得府裏鼓鈸與哭聲，甚是熱鬧。因向管門的堂候官問其原故，堂候官道：『我家老爺中年無子，後房有十來個小奶奶，前年才生得一位公子，愛惜如寶，不期昨夜死了，請僧人在此做佛事，所以哭泣。』濟顛道：『既如此！可通知說我濟顛要見。』堂候官稟知錦衣，錦衣將濟顛接進去相見道：『你來得正好！我有一位小公子，甚是聰明，不幸昨夜死了，我實捨他不得，你可說幾句佛話送他入土，使他別生好處。』濟顛道：『入土不如送他下火，叫他生在別處不如還生在相公家罷。』錦衣道：『下官此時心緒已亂，但憑老師父超度罷！』濟顛道：『既是如此，可速抬出來，就當廳燒了罷，不要悞了時辰，又被他人佔去。』王錦衣忙叫人扛出棺材，在廳前丹墀中放下。濟顛手執火把道

『小公子，小公子，來何遲，去何速？與其求生，不如傍熟。
咦！大夢還從火裏醒，銀盆又向房中浴！』

王錦衣在廳上，看著濟顛火化。早有侍妾來報道：『恭喜老爺！第二房劉奶奶，添了一位公子』王錦衣大喜，方知濟顛佛力無邊，忙命備酒留他。濟顛儘量吃了一醉，方辭別回寺，不知後事如何，且聽下回分解。

第十八回　徐居士疏求度牒　張提點醉索題詩

話說濟顛別了王錦衣，回轉寺中，連日無事。那一日，在廚房下，脫下直裰來捉虱子，忽見一個少年居士手裏拿著一封書，走進來向火工問道『我要求見濟書記。才在方丈中問知客說在廚下，不知那一位是濟書記？』火工道：『那位捉虱子的就是。』那居士聽了，遂走到面前施禮道：『小人乃講西堂之姪徐道成，雖已出家數年，却未曾披剃，故師叔特致書相求老師父開一疏簿，求一人披剃，敢望師父慈悲！』濟顛接書看了道：『你既要我開疏，空口說也無用，須要買酒請我方妥。』徐居士道：『要請師父，只好酒店中去飲幾杯。』濟顛道：『只要有酒吃，就是酒肆中也何妨？』忙披上直裰，逕出山門，同到王家酒店坐下。原來徐居士身邊帶得錢少，盡數先交與店家，叫他取酒來吃。濟顛吃到七八碗，正還要吃，早已沒有了，沒奈何，只得就借店家筆硯，叫徐居士取出疏簿來，信手寫道：『本是一居士，忽要作比丘。度牒既沒有，袈裟又不周。我勸徐居士，只合罷休休。』徐居士見了，心上就大不喜歡，便問道：『我特求師父開疏，要求施主剃度做和尚，怎的老師父反寫個罷休休？』濟顛道：『酒不醉只好罷休。你若必定要做和尚，只要請我吃個大醉，包管今日就有度牒。』徐居士無奈，只得脫下道袍來，又當了兩貫錢，買酒請濟顛，吃得酣然，方又提起筆續上二句道：出門撞見龐居士，一笑回來光了頭。濟顛題完，竟自去了。徐居士無可奈何，拿了疏頭取路望六條橋來，將到岳墳，只因心中不爽快，身上又冷，只管沈吟，不曾抬頭，忽王太尉過，竟衝了他的轎子，早被虞候捉住。王太尉喝道『你是甚麼人？這等大膽！敢衝本府的轎子。』徐居士跪下稟道：『小的叫做徐道成，久已願做和尚，因無度牒，故往淨慈寺求濟書記，寫疏頭，募化施主披剃。不料，他詐我的道袍當酒來吃醉了，疏頭又寫壞了，心下惱悶，不曾抬頭，故撞了相公的旌節，非敢大膽。』王太尉道：『且取疏頭來，待我看看！』徐居士忙在袖中取出，呈上。王太尉看了大笑道『你好造化！昨日太后娘娘發出一百道度牒，要披剃僧人，尚未捨出，你實實有緣遇著。』遂將徐居士帶到府中，取出一道與他，恰恰是第一名。徐居士拜謝而出，方知濟顛之妙。正是說時只道狂，　驗後方知妙，　所以日月光，　只在空中照。

一日，濟顛忽想起開生藥店的張提點，久不曾相見，遂在長橋趁船，到
錢塘門。上岸望竹竿巷張家店中來，却見張提點的妻子在外邊，遂上前施
禮，叫聲：『孺人！提點在家否？』原來這個婦人最惱和尚，看見濟顛，便放下
臉來道：『不在家！』濟顛卽轉身往外就走。那張提點忽從自屋裏鑽將出
來，呵呵的笑道：『我回家來了，久不相會，可請坐，吃幾杯酒。』一面就走出
外面來邀他。濟顛道：『酒雖要吃，我見你娘子實實的有些怕他，吃不下。』
張提點道：『既是這樣，到市上去吃何如？』濟顛道：『甚好，甚好。』二人就
同走到昇陽宮酒樓上坐定，酒保燙上酒來。濟顛一上手，就吃了二十餘碗，
吃得興發，說道：『你們娘子怪我來同你吃酒，不知吃酒也有些好處，我有
個小詞兒唱與你聽聽。』『日日貪杯醉似泥，未嘗一日不昏迷，細君發怒將
言駡，道是人間好酒兒。莫要管，且休癡，人生能有幾多時？杜康曾唱蓮花落，

劉伶好舞竹枝詞，總不如淵明賞菊醉東籬。今日人何在？留得好名兒。』張提點聽了這詞，贊道：『妙絕！妙絕！偶然帶得四幅箋紙在此，趁你今日無事，替我寫四幅吊屏藏在家裏，待你百年之後，時常取出來看看，也是相好中一念。』濟顚口裏不說，心裏想道：『這話分明是催我死也！』遂答道：『也好也好。』張提點在袖中取出箋紙，鋪在桌上，又問店家借了筆硯。濟顚信手寫出四幅來：

其一，幾度西湖獨上船，篙師識我不論錢。一聲啼鳥破幽寂，正是山溝落照邊。

其二，湖上春光曲又彎，湖邊畫棟接雕欄。算來不用一錢慣，輸與山僧閒往還。

其三，隔岸桃花紅不勝，夾隄楊柳綠偏增。兩行白鷺忽飛過，冲破平湖一點清。

其四，五月西湖涼荻秋，新荷吐蕊暗香浮。明年花落人何在，把酒問

花花點頭。

濟顚寫完道：『我今日沒興做詩，寫亦胡亂，只好拿去遮遮壁罷。』張提點道：『寫作俱佳，有勞大筆。可再吃幾杯，快快心情。』濟顚道：『我今日沒心情吃酒，不如到那裏去閒散閒散罷。』

二人相攜著，信步走到望仙橋下。那橋腳下有個開茶坊的陳乾娘，看見濟顚走過，便叫聲：『濟師父！那裏去？請裏面吃杯茶，歇歇脚去。』濟顚道：『好好好！正想吃茶，』遂同張提點進去坐下。陳乾娘忙點了兩盞香茶送來，濟顚吃完了，叫道：『陳乾娘，難得你好心，時常來攪你的茶，無以爲報。我有一軸畫像，寄放在白馬廟前杜處士家，我寫個帖兒與你去討來，好好的

放著，後來自有用處。」陳乾娘謝了，叫人去討來。拿起一看，却是病奄奄的一個和尙的像，心裏不喜歡說：「這個東西有甚麼用處？」捲起來擱在旁邊。直到後來濟顛死了，衆太尉要尋濟顛的肖像，叫幹辦到各處裱店尋問。那裏尋得著？直到遇著杜處士，方知陳乾娘茶坊裏有一軸，有一太尉將三千貫錢與他買了，這是後話。

且說濟顛同張提點出了茶坊門，走不多遠，撞見一担海螄。張提點道：「我聞蛾蝶，皆可作頌，不知這海螄兒濟師能作一頌否？」濟顛即信口作頌道：「此物生在東海西， 又無鱗甲又無皮。 雖然不入紅羅帳， 常與佳人作嘴兒。」張提點大笑道：「頌得妙！游戲中大有禪意。」此時正是五月天氣，忽然一陣雨來，二人只得走入茶坊暫避。濟顛見人拿了雨傘走過，因信口題道：「一竿翠竹，獨力支撐，幾幅油皮，四圍遮蓋，摩破時條條有眼，聯絡處節節皆絲。雖曰假合，不礙生成，莫道打開，有時放下。擔當雲雨，饒他甕瀉盆傾，別造晴乾，借此有為不漏。」須臾雨住，兩人又走到長橋，聽得鼓鈸之聲，知是賣餶飿兒的王媽媽家與王公公做功德。張提點道：「怎麼這樣人家也做功德齋僧？」濟顛道：「怎做不得？豈不知有詩道得好：唐家衖內閒游賞，　媽媽家中請和尚。　三百襯錢五味食，　羊毛出在羊身上。」張提點笑道：「襯錢飲食事小，難道不還他道場錢？」濟顛道：「又有一詩為證：媽媽好善結良緣，　齋僧不論聖和凡。　雖說冥中施捨去，　少時暗裏送來還。」張提點笑了一回，二人又往前走。

走到清波門，忽見一家門首曬著一缸醬，濟顛看一看，叫了兩聲：「阿呀阿呀！」已走過了，想一想，又縮轉來解開褲子，將屁股坐在醬缸沿上，就像上毛坑的一般，嗶嚦嗶嚦的就撒了半缸。那曬醬的人家有個小孩，看見了，連聲大叫，一人急急趕出門來，要扯住他廝鬧，濟顛已遠遠的走了，小孩忙去通知主人。主人亂嚷道：『甚麼和尚，敢如此放肆！待我趕上去，扯他轉來要他賠。』旁邊走過一個鄰舍來勸道：『我認得這個和尚，就是淨慈寺裏的濟瘋子。你就趕上他，只好罵他兩句，打他兩下，他只一個光身子，有甚麼賠你？倒不如認晦氣，快快的倒去罷！』那主人聽說是濟瘋子，嘆了一口氣，叫小孩進去，再叫出一個大漢來相幫，抬到溝邊去，倒自己掩著鼻子在旁邊看。不道這醬才倒到一半，那醬缸裏活潑潑的鑽出兩條茶碗粗的火赤練蛇，來望著抬缸的頭上亂竄，二人突然看見，膽都嚇破！叫一聲：『阿呀！』丟了手，將醬缸打得粉碎，那蛇就竄入溝裏去了。醬裏還有無數的小蛇，游了一地。主人看見，又驚又喜道：『原來濟瘋子故作此態，是救我一家性命。若不虧他，吃了這醬，豈不毒死麼？連忙同著幾個人急急趕上去謝他，已不知他往那條路上去了。卻說那張提點，一把拖了濟顛，急急的走了一程，才說道：『你雖是游戲，豈不壞了他一缸醬。倘他們捉住你，要你賠，將何以處之？』濟顛道：『你卻不知這醬內，有毒蛇在內，若吃了受了毒氣，定要傷人。我借此救他一家性命。』張提點半信半疑。一面說一面走，走走到了一個古董店門首，二人站著看看，忽屏門開處，裏面走出一個婦人來，三十上下年幾，生得好個模樣兒，正打算到門首來做甚麼，看見有人在外，就縮轉身走了進去。濟顛猛抬頭一看，叫一聲：『阿呀！』也不分內外，竟趕將進去，雙手將那婦人抱定。不知做出甚事來？且聽下回分解。

第十九回　救人不澈因天數　悔予多事懶看山

卻說那濟顛趕將進去，將那婦人抱定，把口向那婦人的頸項裏著實咬。那婦人急得滿臉通紅，渾身汗下，高聲大叫道：『罷了！罷了！怎麼青天白日，和尚敢如此無禮！」裏面養娘小廝們聽見，都跑將出來，扯住濟顛亂打亂罵。濟顛任他打罵，只是抱著婦人的頸項咬，但當不得養娘小廝們，在光頭上打得凶，將手略鬆得一鬆，那婦人掙脫身子，跑進去了。濟顛見那婦人進去了，跌著脚道：『可惜！可惜！還有一股未斷。』尚站在堂前不走。幸喜這店主人不在家，養娘見婦人脫身進去，也就跟了進去，一個小廝柰何不得濟顛，只得走到門前喊叫，鄰舍來認得是濟顛，知他不是個壞和尚，落得做人情，也不來趕這裏。張提點扯著濟顛走得遠了，纔埋怨道：『你縱顛也要顛得有些影子，怎麽一個出家人，沒來由拖著一個婦人的頸子去取笑？』濟顛嘆了一口氣道：『你不知道，這婦人頸項裏已現出縊死的蔴索痕；我一時慈悲，要替他咬斷，只咬斷了兩股，苦被這些怨業不肯散，將我打開，救人不能救徹底，好不懊惱！』張提點尚還不信，過了兩日，再來打聽這個婦人因與丈夫口角，果然自縊，麻索已斷兩股，惟一股未斷，竟縊死了；方嘆濟顛的法力，果是不凡。

且說當日，濟顛同張提點又往前走，走得熱了，又走進一個酒店裏來，兩個又吃。濟顛略略吃了幾杯，卽停杯作頌道：

「朝也吃，暮也吃，吃得喉嚨滑似漆，吃得肚皮壁立直，吃得眼睛瞪做白，吃得鼻頭糟成赤。有時純陽三斗，有時淳于一石，有時鯨吞，有時龍吸，有時效籬下之陶，有時學甕旁之畢。吃得快，有如月趕流星，吃得久，有如川流不息，吃得乾，有如東海飛塵，吃得滿，有如黃河水溢。其色美，珍珠琥珀，其味醇，瓊漿玉液，問相知，麯蘖敢親，論朋友，糟邱莫逆。一上手，潤及五臟，未到口，涎流三尺，只思量他人請，解我之饞，並未曾我作主，還人之席。倒於街，臥於巷，似失僧規，醉了醒，醒了醉，全虧佛力貴王侯要我超度生靈，莫不篩出來任我口腹貪饕，大和尙要我開題緣簿，莫不沽將來任我杯盤狼籍。醺醺然，酣酣然，果然醉了一生，昏昏然，沈沈然，何嘗醒了半日？借此通笑駡之禪，賴此混瘋顚之迹。想一想菩提心，總是徒勞，算一算觀音力，於人何益？在世間只管胡纏，倒不如早些圓寂，雖說是死不如生，到底是動虛靜實。收拾起油嘴一張，放下了空拳兩隻，花落鳥啼，若不自知機，酒闌客散，必遭人而逸。艷陽春色，漫說絕倫，蘭陵淸膏，休誇無匹，縱美於打辣酥，卽甜如波羅蜜，再若當時，何異於曹溪一滴？』

濟顚頌罷，笑一笑，卽放下杯子立起身。張提點見他懶飮，也不苦勸，還了酒錢走出來，便道：『你既不喜吃酒，原同你到湖上看看山水罷。』兩個攜手來到湖上，同看隄柳。看那兩峯二湖之勝，濟顚曾悟於心，又作一頌道：

『山如骨，水如眼，自逞美人顏色，花如笑，鳥如歌，時展才子風流。雖有情牽絆人，而水綠山青依然自在；即無意斷送我，如鳥啼花落，去也難留。一霎時過許多香車寶馬，消磨了無數公子王孫。畫舫笙歌，不異浮雲過眼，紅樓袖舞，無非水上浮鷗。他人久住，得趣已多；老僧暫來興復不淺。你既丟開，我又何戀？立在此，只道身閒，看將去，早已眼倦。咦！非老僧愛山水，竟忘山水，蓋爲看於見不如看於不見。』

是時天氣甚熱，有一後生，挑了擔辣虀粉賣。濟顛向張提點道：『這辣虀粉甚美，要你做個主人。』張提點道：『這小事，你但請吃，是我還錢。』那後生盛了一碗來，濟顛只兩三口便吃完，又叫盛來。張提點道：『此物性冷，怕壞肚腹，不宜多吃。』濟顛道：『吃得爽快，管那肚皮做甚？』一碗一碗吃下，吃了半篩，張提點還了錢，見日已落山，正待送濟顛回寺，却好沈萬法來尋濟顚，遂別了張提點，沿湖堤回寺，到了寺中，就一逕走入房去睡了。到了二更天氣，只聽得肚裏碌碌的發响，因叫沈萬法道：『我肚裏有些作怪，可快些起來扶我到毛廁上去。』沈萬法慌忙起來，攙他下牀，剛走出房門，濟顚叫一聲：『不好了！』早一陣一陣的瀉將出來。不期門外正有個園頭在那裏打地鋪，不曾隄防，被濟顚瀉了一頭一臉。園頭著了急，亂嚷道：『就是瀉肚，也該忍著些，怎就劈頭劈臉的瀉來！』濟顚自覺理短，只得陪個小心道：『阿哥休怪，是我一時急了，得罪得罪！』園頭沒法，只得自去洗濯。誰想濟顚這一日，瀉個不住，才睡下，又扒了起來，甚覺疲倦，到天明，飲食都不要吃。松長老得知，忙自進來看道：『濟公！你平日最健，爲何今日一病，卽疲憊如此？』濟顚也不回言，但信口作頌道，

『健健健，何足羨？只不過要在人前扯門面。吾聞水要流乾，山要崩

陷。豈有血肉之軀，支撐六十年而不變？稜稜的瘦骨幾根，癟癟的精皮一片，既不能坐高堂享美祿，使他安閒，又何苦忍飢寒奔道路，將他作踐？見眞不眞假不假，世法難有；且酸的酸鹹的鹹，人情已厭。夢醒了雖一刻也難留，看破了縱百年亦有限；倒不如瞞著人悄悄去，靜裏自尋歡，索强似活現世鬨鬨的動中討埋怨。急思歸去，非大限之相催，欲返本來實自家之情願。咦！大雪來烈日去，冷與煖弟子已知瓶乾矣，甕竭矣，醉與醒，請老師勿勸。』

松長老聽了，因嘆羨道：『濟公來去，如此分明，禪門又添一重公案矣！不必强他，可扶他到安樂堂去靜養罷。』

沈萬法聽了師父要辭世，相守著只是哭。濟顚道：『你不用哭！我閒時賴你追隨，醉裏又得你照顧。今日病來，又要你扶持，你一味殷勤，並無懶惰，實是難爲了你。且你拜我爲師一場，要傳你法，我平日只解顛狂吃酒，又無法可傳，欲即將顛狂吃酒傳你，又恐你不善吃酒，惹是招非，反悞了終身，壞了佛門規矩。倒不如老老實實取張紙來，待我寫一字與你，問王太尉討張度牒來，做個本分和尚，了你一生罷！』沈萬法聽了又哭道：『師父休爲我費心，只願你托天地，病好了，再討度牒也不遲！』濟顛道：『我要去矣！不能久待，可快取紙筆來。』沈萬法見師父催，只得走出來與衆僧商量，衆僧道：『師父既許你討度牒，他做了一世高僧，豈無存下的衣鉢？雖沒有存在寺中，畢竟寄放在相知的人家。趁他清白，也要求他寫個執照，明日死後好去取討。』沈萬法搖著頭道：『我師父平日來了便去，過而不留，如何得？』監寺道：『你師父相處了十六廳朝官，二十四太尉，十八行財主，莫說有衣鉢寄頓，就是沒有，也要化些衣鉢與你。你若不好說得，可多取一張紙來，放在濟顛面前。』濟顛取一張寫了與王太尉求度牒的疏，見桌上還有一張，便問道『這一張是要寫甚麼的？』沈萬法含著眼淚不做聲。監寺在旁邊代說道：『沈萬法道，他與你做了一場徒弟，倘是初入門，未得甚麼好處，指望師徒長久，慢慢的掙住，不幸師父今日又生起病來，他獨自一身，恐後來難過，欲求師父將平日寄放在人家的衣鉢，寫個執照與他，叫他胡亂取討兩件來做個紀念也好。——萬望師父慈悲！』濟顛聽了微笑道：『他要衣鉢，有有有，待我寫個執照與他去討。』監寺暗喜道：『如何？沈萬法造化。』只見濟顛提起筆來便寫道：『來時無罣碍，去時無罣碍，若要我衣鉢，兩個光䏚袋。』濟顛寫完，便擲筆不言，監寺好生無趣。沈萬法忙取了二紙，到方丈中來與長老看。長老道『你師父看得四大皆空，只寄情詩酒，有甚衣鉢？你莫如拏此字，到王太尉府中去取了度牒來，也是你出身之本。』沈萬法道：

『長老吩咐的是！』因急急去討了度牒來回覆師父。濟顚又叫他去報知各朝官太尉，說我師父於本年五月十六日示寂歸西，特請大檀越一送。沈萬法報了回來，濟顚已睡了。到了次早，又叫起無明發來，嚇得衆僧只叫得苦，想又是火發了，慌忙報知長老。長老同衆僧齊到安樂堂來看時，有分教：來去既明靈不昧，皮毛脫却換金身，畢竟不知眞個又火發否？且聽下回分解。

第二十回　來去明一笑歸眞　感應神千秋顯聖

却說長老同衆僧齊到安樂堂來看時，並無動靜。只見濟顚盤膝坐著，對長老道：『弟子今日要歸去了，敢煩長老做主，喚個剃頭的來與我剃淨，免得毛茸茸的不便見人。沈萬法既有了度牒，亦求長老與他披剃了，也可完我一椿心事。』長老一一依從，須臾剃完。忽報說朝官太尉並相識朋友陸續來到。濟顛忙叫沈萬法去燒湯洗浴，換了一身潔清衣服，沈萬法因匆忙之際，不曾備得僧鞋，一時無法。長老道：『不消著急，我有一雙，借與你師父穿去罷。』忙取出來付與沈萬法，替濟顛換了。濟顛見諸事已畢，坐在禪椅上，叫取文房四寶，寫下一首辭世偈言道：『六十年來狼籍，東壁打到西壁，於今收拾歸去，依然水連天碧。』寫完了放下筆，遂下目垂眉圓寂去了。沈萬法痛哭一場，衆官俱拈香禮拜，各訴說濟公平日感應神通，不勝感嘆。

倏忽過了三日，衆僧拜請江心寺同大同長老來，與濟公入龕。第四日松長老又啓建水陸道場，爲他助功德。選定了八月十六日出喪，到了那日，衆人起龕，鼓樂喧天，送喪到虎跑山門。衆和尚又請了宣石橋長老與濟公下火。宣石橋長老手執火把道：『大衆聽著！

濟顛濟顛，瀟灑多年，犯規破戒，不肯認偏，喝佛罵祖，還道是謙，童子隊裏，逆行順化，散聖門前，掘地討天。臨回首，坐脫立化，已棄將盡之局；辭世偈，出凡入聖，自辨無上之處。還他本色草料，方能滅盡狼烟。咦！火光三昧連天碧，狼籍家風四海傳。』

宣石橋長老唸畢，舉火燒著，火光中舍利如雨，須臾化畢。沈萬法將骨灰送入塔中安放妥了，然後回去。

剛回到淨慈寺山門前，只見有兩個行腳僧迎著問道：『那一位是松少林長老？』長老忙走出來問道：『二位師父何來，問著貧僧，不知有何見教？』二僧道：『小僧兩月前，在六和塔曾見上刹的濟書記師父，有書一封，鞋一雙，托小僧寄與長老，因在路躭延，故今日才到。』遂在行囊中取出一物送與長老。長老接來一看，忽大驚道：『這雙鞋子，乃濟公臨終時，老僧親手取出與他穿去的，明明燒化，爲何今日又將原物寄還？眞不可思議矣！且拆開書來，看內中有何話說？

愚徒道濟稽首焚香，致書於少林大和尚法座下：竊以水流雲散，容易別離，路遠山遙，急難會面。嗟世事之無常，痛人生之莫定，然天地尚全，寸心不隔，目今桂子香濃，黃花色勝，城中車馬平安，湖上風光無恙，我師忙裏擔當，鬧中消受，無量無邊，常清常淨，拜致殷勤，伏惟保重。不慧鑽開地孔，推倒鐵門，針尖眼裏，走得出來，芥菜子中，尋條去路，幸我佛慈悲，不嗔不怪，煩老天寬大，容逋容逃。故折了錫杖，不怕上高下低，破卻草鞋，管甚拖泥帶水。光著頭，風不吹，雨不灑，何須竹笠？赤著體，寒不犯，暑不侵，要甚衣包？不募化，為無飢渴，懶莊嚴，因乏皮毛。萬里尋聲救苦，當行則行，一時懶動雀巢，要住即住，塞旁門大非左道，由正路已到西天。一腳踢倒泰山，全無挂礙，雙手劈開金鎖，殊覺逍遙，便寄尺紙之書，少達再生之好。雖成新夢，猶是故人。長嘯三聲，萬山黃葉落，回頭一望，千派碧泉流，尚有欲言，不能違反。乞傳與南北兩山，常叫花紅柳綠，爲報東西諸寺，急須鼓打鐘敲。情長難盡，紙短不宣。

又頌，付沈萬法道：

看不著，錯認竹籬爲木杓，不料三更月正西，麒麟摑斷黃金索。幼年曾到雁門關，老夫重睜醉眼看。記得面門當一箭，至今猶自骨皮寒，只因面目無人識，又到天台走一番。

松長老看完，不勝嘆羨道：『濟公生前游戲，死後神通，非自露靈，人誰能識？』因將書鞋二物，傳示衆人。那兩個行腳僧方知濟公已死，驚得呆了。一時朝官太尉，以及相識朋友，曉得此事，無不稱奇，悔恨從前之失於敬禮也。正是鐘不撞不鳴，鼓不打不響，菩薩顯神通，人才知景仰。

又過了些時，忽錢塘縣中一個走卒來見長老道『小人在台州府公幹，偶過天台山，遇見上刹的濟師父。他原認得小人，有書一封，托小人寄與長老，故小人特特送來。他說還有些時躭擱，不得就回來。』長老拆開細看，卻是兩首七言絕詩：

其一，片帆飛過浙江東，回首樓臺渺漠中。傳與諸山詩酒客，休將有限恨無窮。

其二，脚絣緊繫恨無窮，竹杖挑雲入亂峯。欲識老僧行履處，天台南嶽舊家風

長老看了，又嘆羨道『濟公原從天台來，還從天台去，來去分明，眞正羅漢轉世，故一靈不昧！』走卒聽了，方驚道『小人只認是活的，原來他肉身已

死了！」

濟顛僧傳終

濟公活佛與我及本書出版紀事

蕭湘君

大凡天下事，除一切現象，爲一般人所習見習知者外，常多不可思議事，不可想像理解事，不可以文字語言形容與說明事；然而確有此一事實，存在於世間，流傳而成爲人類的歷史文化，甚且成爲人類生活的一部份。無形無相存在於宇宙間，無形無相流傳於社會人間，不可捉摸，不可比擬！然而自古以來，確有此一「視之不可見，聽之不可聞，搏之不可得」的無形無相的鐵一般的事實存在着。這不是屬於「物質世界」的事，而是屬於「精神世界」的事；也可以說是屬於「神」方面的事，屬於「宗教」方面的事。萬千宗教，如道教、佛教、儒教、天主教、耶穌教、回教以及拜物教等等，一切存在於人間的大小宗教，信菩薩行的宗教；諸莫不認爲有神！冥冥之中，莫不有神在，卽俗諺所謂：「舉頭三尺有神明」者是；亦卽所謂「神化世界」！神，無所不在，無所不知，無所不見，無所不能！就多神教而言，「盡人皆可成神」！儒家謂「盡人皆可成聖人」，佛家謂「盡人皆可成佛」，道家謂「盡人皆可成神仙」，亦盡人皆可至天人、至人、神人境地。於此文山老人則常謂「盡人皆可成神」，又倡「人神感應」「人神合一」之說。人神合一說，卽據「天人合一」說而來！此是文人老人的一向見解。

此書所記之「濟顛禪師」，即宋代活羅漢投胎之聖僧，文山老人則稱其爲入道參禪已「透三關」之過來人。追問透三關事，則笑而不答，並謂久後自知！此乃禪佛門中，最高明深玄而又最平凡之事。吾對此更如墮五里霧中了。良以「神通變化」與「千百億化身」等玄之又玄的理與事，非這個未能「一聞千悟」的我，所可能達到的境界！何況我對於佛教與禪宗，迄今仍是個門外漢呢？——「欲窮玄妙事，再讀十年書」！這是老人家爲此事對我說的兩句話。我便聊學比丘尼雙掌合十，恭誦佛號曰：「阿彌陀佛」！遙指天邊月，問今歲是何年？默然良久，莞爾而笑道：「孺子可教也」。以上是我們在「圓玄學院」相會後的一段小插曲。他老人家對我，有時是慈父，有時是嚴師。我嘗笑謂其「頭腦簡單」，「不能搞政治」，「不能搞經濟」，我又戲稱其爲「書呆子先生」；其爲人鈍直拙樸，實像個「阿彌陀佛人」，不亦善哉！

× × ×　　× × ×

我信濟公的一段因緣，實爲人世間一極平凡事，惟亦是一極稀有事；不可以偶然的「契合事」或自我意識的想像事視之。開始約在十餘年前時間，我祇知其爲「菩薩」，而不知其即爲濟公活佛，告知我此菩薩即爲濟公者，乃文山老人於父女會於圓玄時指點我認識濟公，爲我解開一個十餘年鬱積在胸中的一個疑團。事之開始，係我於漣源中學時，曾夢見一個菩薩指點我在深山大澤中一條迷津，循其所指而行，最後即得康莊大道。並微笑語我曰：「向前險路仍多，困難亦復重重，惟最後定能衝過難關，得登彼岸。」待我欲問「彼岸」爲何岸時？則人已不見，醒而爲夢。明明記得，依稀如在目前！我爲文山老人述此夢時，他爲我唱曰：「夢裏乾坤大，醒時日月長，菩薩常照護，神力自汪揚。」並提撕我曰：「雖有神力，仍須自力；神力無邊，自力亦無邊！」後來常昭示我以：「天助自助者，神助自助者。」又告誡我以：「世界上最靠得住的人是自己！而不是他人，不是菩薩，不是佛，更不是上帝！」我由此而體悟到「自力無邊」，卽是「自我的心力無邊，自我的神力無邊，自我的靈力無邊。」或亦卽佛家所講的「自性無邊。」並以此意質諸於老人以爲然否？他拍椅而起，並許我以「悟力與聯想力眞不錯，久後或可爲「傳人」！在此，他係指他老人家的「傳人」，抑係指濟公的「傳人」，我就不得而知了。因爲他對儒釋道三家的經義，別有會心，別有獨得！且其所得，高深莫測，玄妙難知。嘗有言謂：「家家自有家家月，吾家一月照萬家！」由此可想知其一二了！

「心力無邊」，這是文山老人的新創名詞，想係由佛家的「自心卽佛，自性卽佛」，與「佛法無邊」「佛力無邊」而來。他常告訴我：「莫謂無心卽是道，乾坤卽在此心中。」又謂：「神化萬千皆自得，一心寂寂卽無憂。」這些大道理，純是禪理禪機，我這門外漢，難期了徹！惟因與老人家相處日久，相期自化，故常能了了於「神力通宇宙，自性徹乾坤」的道理！由之而自信濟公之入夢託夢，並非世間一稀有事，而實是一極平凡事。

自此次託夢後，心中便常有一菩薩影子，亦常有一菩薩念頭。我自孩提和父親分離起，幾十年來，音訊杳然！一顆小小的赤子之心，便常常在念念不忘中廻旋起伏，滾滾若「黃河之水天上來，奔流到海又復回。」（「又」字原文爲「不」字，今改用，老人家曾首肯。）來無痕，去無迹，循環不已，前念方滅，後念又生；欲其無念翻成念，念入夢時醒卽無！我常發奇想，欲其「一夢幾千年，了不可得」！在我苦思不已時，在邵陽家鄉時，姑媽替我父親算了幾次命，算命先生都說「他老人家早已不在人世了」！當時，我與奶奶祖孫兩人，常常是「流淚眼對流淚眼，傷心人望傷心人。」彼此常是默然相處，欲說無言！此種相思之苦，無言之痛，非過來人，實難以與道其一二。奶奶愛子心切，哭之甚哀，日以繼夜，望斷天涯月！以在亂世中，仍是音訊茫然，不知人在東西南北，天上人間！

我當時在無可奈何之中，每於半夜起立通宵，在無聲的佇立中，昂首問天天不語！反躬自問愁何限？童子無知，無法自解，處斯境地，亦無力自拔。一個人每當於無可奈何時節，便祇有乞靈於菩薩了！於是乃焚香默禱，祈求菩薩降靈，以解疑難，而啓愚昧！「精誠所至，金石爲開！」赤子之心，一片純眞，自能感格皇天后土，萬方神祇。據賜夢之菩薩所示爲：「父親平安健在，今生骨肉可團圓。」我大喜過望，雀躍而不能自已。惟對於其賜示我謂：「將來父親的來信，會直寄我當時所在之武漢葛店小學。」我對「信直接葛店小學」一點，我當時極不相信，斷定爲菩薩亦當有不准之時。因爲父親絕不知我的去向，就如我不知父親的去向然。即使有信，也定寄家鄉老地址。當時的情況是：「富貴貧賤渾如夢，生死存亡兩不知。」

× × × × × ×

孰知天下恆多意外事，凡屬於神靈境界的事，概多不可思議事，不可以常情常理度之。我於一九七八年八月間，竟果然在葛店小學，收到我相別四十年毫無音訊的老人家的信來了。接到信時的感覺，眞是無有文字可形容其萬一。正是「夢從無心起，福自天上來！」蓋自最初菩薩入夢起，以後又不時賜夢，無不應驗；而所有夢，均是我無心於作夢而夢自生，無心於求菩薩而菩薩常在。他老人家告訴我：這是「人神感應」之理，「人神感通」之道！故冥冥中「人神之際」，常能不感而自應，不召而自來。這是神學哲理，謂「我與此菩薩有緣，故常能庇護你，常相左右，而無時不在。」自此音訊常通，卒得於今秋來香港，我們得能骨肉團圓了！此一「天賜父女會」，實非偶然，我自菩薩示知父親健全人世的神示後，便動了效古人「孝女尋父」的念頭，無時或已；於一九七六年夏初，我得知一同鄉的哥哥曾承袞先生在美國，彼此常有信往來，便寫信託其尋找老父，代爲探聽消息，尤其以在鄉間時，即得知老人家爲一有名學者，二十餘歲時即以「世界偉人成功秘訣之分析」一書鳴於世，或可能易得其消息。皇天不負苦心人，他竟與我慈祥的母親，均平安地住在臺灣，且著作等身，以當代「道學權威」與「道教權威」著盛譽於海內外，故易爲探聽。正俗所謂：「踏破鐵鞋無覓處，得來全不費功夫！」叨天之福。自此以後，大家亦自會善自珍惜，「相依爲命」，共以未來歲月，於文化界學術界以全力貢獻於國家民族了！文山老人常說：「文化興亡，匹夫有責！」這是驚天動地的千古名言。我不敢以文言，但誓願追隨老父左右學習，一以盡人子之孝道於萬一，一以盡匹夫之責於國家，一以不負菩薩之庇蔭，及其常相左右之神力神恩於萬一！以我總迷信活佛常在我身邊！明知不可得，然總有此一信心，信心支配我一切！信心爲我主宰！老人亦莫可如何？

× × ×　　× × ×

我極想知道這顯靈之神，是那一位菩薩？早曾就熟知的菩薩之名號，逐一稟問，結果都不是；最後，祂啓示我：「最後總有一天，自有人會告訴你，我是那一位菩薩的。」今年和老人家見面後，伺機告知過往一切菩薩顯靈之事，並細述其姿儀形相衣態，並能預卜未來，屢問屢驗，不爽毫釐，不失一塵。他沉思片刻，忽恍然大悟說：「一定是宋代聖僧濟公活佛，只有祂常到世間來救人度世！祂能入塵而不染塵，入俗而能脫俗，入世間而能超世間，具衆生相而不爲衆生顛倒，顯大神通而不爲大神通所惑！雖飲酒食肉而未嘗飲酒食肉，雖出入淫行而實未嘗出入淫行！實乃以衆生相顯菩薩行，非濟公，其誰與俱？」我在圓玄學院立刻稟問菩薩，果然自認卽是活佛。又指示以：「非他一生出有道佛經籍數百種，感格上蒼，道功陰德，甚深積累，難以言說計！故此圓成汝父女之相會，此一段好事因緣，你此生宜好自爲之，勿辜負我此一片慈悲爲懷的菩薩心腸爲要。」我由此並發心搜集濟公傳記，以之傳世。我當據實告老人家，他莞爾笑謂：「我家原庋藏有『濟顛活佛傳』，當助汝出版問世，以廣結善緣。」復云：「如天假餘年，有適當勝地時，並當修廟以祀之；藉使天下善男信女，咸得一沐其恩德於無窮。」今特爲誌之，以觀來日之如何？並以一瓣心香，敬祈神助，以玉其成。後來我於書肆搜得三種版本，交他老人家攜返臺灣。並應允爲我作序，以廣其義，當蒙首肯。此爲本書得與世人相見之最初情形。

文山老人並告訴我：「今後我如爲濟公而出書而修廟，絕不是爲功德而出書修廟；乃是各行其心之所謂安而已。行道佛事，全在一心。卽心是道，卽道是心。卽心是佛，卽佛是心。心外無道，心外無佛。」我這一個門外漢，驟聞其言，如墮五里霧中，當勸其「勿談玄妙事，祇就眼前言。」就現實談現實，他繼稱返國後，首先爲我出此一「濟顛禪師大傳」，卷首並允爲我作一長序。從禪師而略揭禪理，使世人勿純以之爲一「通俗小說」書視之，一神奇事蹟書視之。復又自傲說：「化腐朽爲神奇，化無用爲有用！畫龍點睛，使濟公此書，能如飛龍在天，無形可見；如潛龍在淵，無迹可尋！會者不向文字中求，則如得仙佛寶典，自能神化萬千。不會者如老死於句下，則自仍爲通俗小說，神珠在握亦如無！」我當截斷他的話說：你又患起自尊病自大病來了，莫要自吹自擂哪！這是在圓玄學院主席室內，我們兩人一次笑談。

× × ×　　× × ×

今年九月初，香港道教聯合會主席兼圓玄學院主席湯國華先生，陪他老人家到圓玄學院參觀，我亦尾隨觀光；始知圓玄學院係以「儒釋道三教合一」爲主旨；正殿奉有老子、孔子、釋迦牟尼三大聖人像。不料其二樓聖殿，卽爲奉祀濟公活佛、呂祖眞人、觀音菩薩之三座聖像。我於無意中得見濟公眞像，心中驚爲奇遇，比卽肅然起敬，並焚香三叩首爲禮，以示尊信。並對活佛叩問：「今後我可留住圓玄否？」當答謂：「此乃仙佛聖地，旣見我，自可留以服侍我。」迄後果得留圓玄學院工作。從此朝夕得瞻仰聖容而禮拜之，謂非奇遇異緣，其誰之信！奇緣巧合，絕非偶然。

我們相別四十年，得濟公於冥冥中呵護指點，卒得相會，骨肉團圓，嘆爲稀有。不意我爲了要出濟公傳，得見及一足本古典文學二八〇回本，第一回最載有：「濟公到了西湖，見樹林內有人上吊，濟公連忙要去救此人。正是：『行善之人得聖僧救，落難女子父女相會』。」據此版本所載事實，我們相別三十餘年，遠隔重洋千萬里的「父女會」，若非冥冥中有神力爲之默佑，又曷可能？文山老人常謂：「神力彌綸天地間，無所不至，無所不在，而又無所不知，無所不能！蓋充宇宙間虛空中莫不有神在，除實有外，全是神的世界。神能坐微塵裏轉大法輪；住虛無竄運兩乾坤！莫可思議，亦莫可比量。信之則實有，不信則實無。神力元從自性出，有無全在自心中！」我請其莫談玄，老人則引老子的話說：「玄之又玄，衆妙之門。」欲深究濟公道，則宜從玄中入，復能從玄中出；方爲上乘法妙！我雖未得究竟，特姑據實以誌之，以待諸來日。去時苦多，來日方長！

我之與濟公此等玄妙事，細數起來亦有十年了。當一九七〇年秋的一天，偶然發現下端繫有重物的線繩，拿在手中，竟會自由擺動，如施有外力，其物之擺動形式，或直行或橫行，或繞圓圈而環行；完全不能加絲毫己意於其間，純任其自然、自行、自動；我百思而不得其解，便認爲是「神力」所使然。心中便十分好奇，偶一沉思，忽此心寂然，無動無感，亦無欲無念。迄一念不生時，自會靈光晃晃，有時可大放光明，照得四大皆空，無人無我無物！斯時便常有「感而遂通」「感而遂應」的境界。文山老人指點我，此乃係「無心定」與「自性定」境界。在道佛門中亦爲殊勝境界，非有夙緣人與慧根深人，不易修得。當至此等境界，每有疑難問題，誠心誠意地莊敬而卜問之，我心中自會靈光耀然，而得到神意自生，指示以各種答案，毫釐不爽，百問百驗。繼而又預卜未來，無不應驗如響。十年來，我幾乎每事必卜，每卜必準。惟我祇知其爲菩薩，而不知其爲濟公。知其爲活佛，正如前所述，乃我來港後，我們舉家相會團圓以後的事了。

一般都認此係迷信事，因緣巧合，我則深信不疑。蓋天地間，原自有許多不可思議事，不可以恒情理度之。信其有則有，信其無則無，不可以一概抹煞，謂之爲迷信！則此書之印行，濟公有知，亦當莞爾！

×　×　×　　×　×　×

最後，我輯錄本書竟，除感謝上蒼與濟公外，應特別感謝我的文山老人，他係抱病遠隔重洋，由臺北飛港與我相會的。他在臺正主編「中國子學名著集成」百零貳鉅册竣事，該書網羅凡五百餘子，如連註家計之，則達千有餘家；所選刊者，不但全係千古名著中之名著，且全係宋元明清之善本圖書，首册爲「諸子概說與書目提要」，末册爲全書「索引」；故費力特大而所耗心血尤多！學林寶之，多譽爲二千餘年來子學中絕無僅有之鉅帙！譽之者謂其內容之「博大高明與純粹精絕處，曠古所無！且不少處，截斷衆流，獨成一家言。」我荒於子學，對此實不能置一辭，他老人家與我住圓玄學院時，曾錄贈一題爲「偶感」的詩云：

子學方編竣，四載老十年。
書隨名山隱，人逐大江傳。
碧潭流日月，天際湧雲煙。
心融儒釋道，神契伏羲前。

因爲老人係抱病而來港，復又抱病而返臺，其致病的原因，據老母告知，「係由在編子學的四年中，以七十餘歲的高齡，仍不眠不休以從事！且四年中，從無週末與星期天的休息，帶病修書，不肯假手於人，亦不聽醫勸告，善自養息。」我想這也許是「湖南人性格罷。他的

「四載老十年」一語，即是寫實語。

老人不善爲詩詞歌賦聯語，自謂係外行，如小學生程度然。在圓玄學院歡度中秋夜，我曾數度强其和我的一打油詩，勉成而自謂不成詩。「小學生程度」一辭，他自謂非謙詞，且對任何人都如是說。他藉孔子的「知之爲知之，不知，是知也。」而續之曰：「能之爲能之，不能爲不能，是能也。」他和我的中秋節詩，雖不足以登大雅之堂，然我却喜歡他「道海玄微」一書中的幾首詩。下面的「小住圓玄學院感懷」一律，亦氣勢雄渾而富玄機：其句有云：

人生如夢復如煙，滄海桑田幾變遷。
萬事茫茫難自料，一心寂寂總悠悠。
袖裏乾坤通萬化，壺中日月轉千年！
秦皇漢武今何在？惟有文章萬古傳。

他老人家係以「道家權威」「道敎權威」鳴於世，故其詩中總覺有點「道味」。其文章除道味十足外，總有點「禪味」，如其序「濟顛禪師大傳」與「補序」二文卽爲一例。他却告訴我：「不禪不足以爲道！無道不足以爲禪！」最後，並指點我：「讀濟禪師大傳，首先從序文下手，方能認得個頭腦處，方能有個把柄而不失眞宰；次宜認取其自然處，其顛行爲自然顚行，其狂態爲自然狂態，其舉手投足爲自然投足，其濟世度人，爲自然濟世度人！方能於文字外，認取濟禪師眞面目！眞心全存文字外，法相不在語言中。」文山老人曾假天玄子曰：「人人身中有一心，一心中有一乾坤；須知古佛心頭坐，莫向心外覓乾坤。」濟顚禪師亦自有濟顚禪師的乾坤，我們衆生亦須各自安住於自心中的乾坤，而不向外馳求！則自無住而不逍遙自在了！

我最愛文山老人的自題小照的兩句詩，卽「此生有文能萬世，卽無一字亦千秋！」於狂傲中見平淡，於崖岸中見骨氣；以及其在圓玄贈我的「落葉自有歸根處，萬千飛鳥盡回巢。」老人要我爲所輯編的書，寫篇紀事文，我拙於爲文，又不敢不應命，他老人家復要我祇記事，他可爲我修辭。卽是這樣簡單，我還是三易稿，方敢獻醜，上呈老父以復命。是爲記。

中華民國六十九年仲冬月湘君於圓玄學院

禪海十珍集

道霈 述

禪海十珍集目錄

禪海十珍集

清福州鼓山湧泉寺沙門道霈集

述曰。夫別傳之道。本離文彩。然垂手接人。亦不廢言說。六傳之後。二支五派。浩浩說禪。智者悟之。性海汪洋。恒沙法寶。自然流出。豈從修得。非自學來。乃自心本有性功德耳。但時當末運。人根漸下。上者爭以世智論量大法。下者甘自守愚。菽麥不分。且貪多得。終身役役而不知其所歸。豈不惜哉。於是拈此十篇綱宗爲初學標準。言約義明。行止勤怠。存乎其人。實不在編輯之多耳。

七佛傳法偈第一

毘婆尸佛偈曰。身從無相中受生。猶如幻出諸形像。幻人心識本來無。罪福皆空無所住。

尸棄佛偈曰。起諸善法本是幻。造諸惡業亦是幻。身如聚沫心如風。幻出無根無實性。

毘舍浮佛偈曰。假借四大以爲身。心本無生因境有。前境若無心亦無罪福如幻起亦滅。
拘留孫佛偈曰。見身無實是佛見。了心如幻是佛了。了
得身心本性空。斯人與佛何殊別。
拘那含牟尼佛偈曰。佛不見身知是佛。若實有知別無
佛。智者能知罪性空。坦然不懼於生死。
迦葉佛偈曰。一切衆生性清淨。從本無生無可滅。卽此
身心是幻生。幻化之中無罪福。
釋迦牟尼佛偈曰。法本法無法。無法法亦法。今付無法

時。法法何曾法。

釋曰。七佛傳法偈。皆破身心妄見。以衆生無始劫來。迷失眞性。妄認四大爲身。六塵緣影爲心。既已迷己爲物。而復認物爲己。從迷入迷。展轉無涯。故佛佛道破。令於身心中。悟明身心。了不可得。法身眞智。覿體圓明。所謂了得身心本性空。斯人與佛何殊別。佛語當信。幸無錯會也。

初祖達磨入道四行第二

初祖云。夫入道多途。要而言之。不出二種。一是理入。二是行入。理入者。藉教悟宗。深信含生同一眞性。但爲客塵妄想所覆。不能顯了。若捨妄歸眞。凝住壁觀。無自無他。凡聖等一。堅住不移。更不隨於文教。此卽與道冥符。無有分別。寂然無爲。名理入也。行入者。四行爲要。其餘諸行。悉入此中。何等四耶。一報冤行。二隨緣行。三無所求行。四稱法行。云何名報冤行。謂修道行人。若受苦時。當自念言。我從往昔。無數劫中。棄本從末。流浪諸有。多起寃憎違害無限今雖無犯是我宿殃惡業果熟非天人所與甘心忍受都無寃訴經云逢苦不憂識達故也此心生時與道相應體寃進道故言報寃行二隨緣行者衆生無我並緣業力所轉苦樂等受皆從緣生若得勝報榮譽等事是我過去宿因所感今方得之緣盡還無何喜之有得失從緣心無增減喜怒俱無冥順於道名隨緣行也三無所求行者世人長迷處處貪著名之爲求智者悟眞理與俗反安貧無求形隨運轉萬有斯

空。無所願樂。功德黑暗。常相隨逐。三界無安。猶如火宅。有身皆苦。誰得常安。了達此處。息想無求。經云。有求皆苦。無求乃樂。故知無求。眞爲道行。是名無所求行也。四稱法行者。性淨理體。目之爲法。此理衆相皆空。無染無著。無此無彼。經云。法無衆生。離衆生垢故。法無有我。離我垢故。智者若能信解此理。應當稱法而行。法體無慳。於身命財。行施無悋。達解三空。不倚不著。感化衆生。亦無化相。此爲自利利他。亦能莊嚴菩提之道。施度既爾。

餘五亦然。除妄修眞行於六度。而無所行。是爲稱法行也。

釋曰。初祖於別傳外。復示理行二門者。囑別傳人須履踐耳。昔太守楊衒之問初祖曰。西天相承爲祖。其道如何。祖曰。明佛心宗。解行相應。名之曰祖。後六祖問南嶽讓曰。什麽物。恁麽來。讓曰。說似一物卽不中。六祖曰。還可修證否。讓曰。修證卽不無。汚染卽不得。據此。豈可徒恃見解。而撥去修證乎。何者。蓋見道而不修報寃行則有寃報時鼓忿恨風吹心識火可乎苟不修隨緣行遇榮譽等事則心生貪著爲喜風飄蕩可乎苟不修無所求行則貪心熾盛種種馳求何時休息可乎苟不修稱法行雖修六度而滯有爲可乎若然則與未見道者何以異耶故見道者當稱法行貪求永息知緣無生不生執著寃親平等忍受寃報能如是可謂明佛心宗解行無玷庶幾無愧於佛祖矣

三祖僧璨信心銘第三

至道無難。唯嫌揀擇。但莫憎愛。洞然明白。毫厘有差。天地懸隔。欲得現前。莫存順逆。違順相爭。是爲心病。不識元旨。徒勞念靜。圓同太虛。無欠無餘。良由取捨。所以不如。莫逐有緣。勿住空忍。一種平懷。泯然自盡。止動歸止。止更彌動。唯滯兩邊。寧知一種。一種不通。兩處失功。遣有沒有。從空背空。多言多慮。轉不相應。絕言絕慮。無處不通。歸根得旨。隨照失宗。須臾返照。勝卻前空。前空轉變。皆由妄

見不用求眞唯須息見二見不住愼莫追尋纔有是非
紛然失心二由一有一亦莫守一心不生萬法無咎無
咎無法不生不心能由境滅境逐能沈境由能境能由
境能欲知兩段原是一空一空同兩齊含萬象不見精
麤寧有偏黨大道體寬無易無難小見狐疑轉急轉遲
執之失度必入邪路放之自然體無去住任性合道逍
遙絕惱繫念乖眞昏沈不好不好勞神何用疏親欲取
一乘勿惡六塵六塵不惡還同正覺智者無爲愚人自

縛法無異法。妄自愛著。將心用心。豈非大錯。迷生寂亂。
悟無好惡。一切二邊。良由斟酌。夢幻空華。何勞把捉。得
失是非。一時放卻。眼若不寐。諸夢自除。心若不異。萬法
一如。一如體元。兀爾忘緣。萬法齊觀。歸復自然。泯其所
以。不可方比。止動無動。動止無止。兩既不成。一何有爾。
究竟窮極。不存軌則。契心平等。所作俱息。狐疑盡淨。正
信調直。一切不留。無可記憶。虛明自照。不勞心力。非思
量處。識情難測。眞如法界。無他無自。要急相應。唯言不

二不二皆同。無不包容。十方智者。皆入此宗。宗非促延。一念萬年。無在不在。十方目前。極小同大。忘絕境界。極大同小。不見邊表。有卽是無。無卽是有。若不如是。必不須守。一卽一切。一切卽一。但能如是。何慮不畢。信心不二。不二信心。言語道斷。非去來今。

釋曰。三祖信心銘。句句直指心體。揀去心病。示歸元路。契無作功。令人自信自肯。不向外求耳。雖然。心是何物而可信。信是何物而信心。水不洗水。金不慱金。

故云信心不二不二信心言語道斷非去來今若更作義解商量早是開眼作夢

六祖大鑒二種三昧第四

六祖曰諸善知識汝等各各淨心聽吾說法汝等諸人自心是佛更莫狐疑外無一物而能建立皆是本心生萬種法故經云心生種種法生心滅種種法滅若欲成就種智須達一相三昧一行三昧若於一切處而不住相於彼相中不生憎愛亦無取捨不念利益成壞等事安閒恬

靜虛融澹泊此名一相三昧若於一切處行住坐卧純一直心不動道場眞成淨土名一行三昧若人具二三昧如地有種含藏長養成熟其實一相一行亦復如是我今說法猶如時雨普潤大地汝等佛性譬如種子遇茲霑洽悉得發生承吾旨者決獲菩提依吾行者定證妙果

釋曰六祖說二種三昧乃日用踐履之捷徑據祖意一相則於境上洞達實相不住幻相一行則心常質

直安住實相不落第二念心境皆空與理冥符謂之三昧文殊般若經云何名一行三昧佛言法界一相繫緣法界是名一行三昧入一行三昧者盡知恒沙諸佛法界無差別相夫法界一相卽一相三昧繫緣法界卽一行三昧是理行之別名耳今祖意二種皆行乃冥契於理究竟無二也

永嘉眞覺大師證道歌第五　南巢宏德著語

君不見最初一著。覿面相呈。又云。甚處去也。絕學無爲閑道人元來只在這裡。不除妄想不求眞。〔且信一半。〕無明實性卽佛性。〔依稀越國。〕幻化空身卽法身。〔彷彿揚州。〕法身覺了無一物。〔喚作一物卽不中。〕本源自性天眞佛。〔佛之一字，吾不喜聞。〕五陰浮雲空去來。〔平地起土堆。〕三毒水泡虛出沒。〔虛空裡揣骨。〕

（二）證實相〔虛空喫鐵棒。〕無人法〔王宮生悉達。〕剎那滅卻阿鼻業〔甚處得消息來。〕若將妄語誑衆生〔着甚死急。〕自招拔舌塵沙劫。〔林深藏猛虎。草淺露羣蛇。〕

（三）頓覺了〔猶是鈍漢。〕如來禪〔誰爲安名。〕六度萬行體中圓。〔可知禮也。又云。爲蛇畫足。〕夢裡明明有六趣〔又有這箇在。〕覺後空空無大千。〔猶較些子。〕

（四）無罪福〔風吹不入。〕無損益〔雨打不濕。〕寂滅性中莫問覓。天晴依舊日頭出。比來塵鏡未曾磨。平地起干戈。今日分明須剖析。試舉似看。誰無念。空中掣閃電。誰無生。古路鐵蛇橫。若實無生無不生。將逐符行。與取機關木人問。拈拄杖便打。求佛施功早晚成。再犯不容。㊄放四大。休捏怪。莫把捉。總是錯。寂滅性中隨飲啄。五色麒麟一隻角。諸行無常一切空。爺死哭公。即是如來大圓覺。白日青天星斗落。㊅決定說。炎天飛片雪。表真乘。鼻直眼橫。有人不肯任情徵。用意作麼。直截根源佛所印。摘葉尋枝我不能。直得分束不下。㊆摩尼珠。一舉四十九。人不識。蹉過了也。如來藏裡親收得。元來只在這裡。六般神用空不空。銀山只是銀山。一顆圓光色非色。鐵壁只是鐵壁。⑥淨五眼。東家點燈。得五力。西家暗坐。唯證乃知難可測。人平無語。水平不流。鏡裡看形見不難。切忌認著。水中捉月爭拈得。弄光影漢。⑨常獨行。眼上兩眉橫。常獨步。脚底通霄路。達者同遊涅槃路。且道路頭在甚麼處。調古神清風自高。雲居尊者。貌顇骨剛人不顧。方有少分相應。⑩窮釋子。主人翁。口稱貧。醒醒著。實是身貧道不貧。他時異日。莫被人瞞。貧則身常披縷褐。左眼半斤。道則心藏無價珍。右眼八兩。無價珎。重言不當吃。用無盡。若有盡。又堪作什麼。利物應

機終不悋。阿誰無這一坐具地。三身四智體中圓。正中偏。八解六通
心地印。偏中正。上士一決一切了。本不增一絲毫。中下多聞多不
信。亦不減一絲毫。但自懷中解垢衣。修證即不無。誰能向外誇精進
染污即不得。(十一)從他謗。泥人喫鐵棒。任他非。魚目混明珠。把火燒天徒自
疲。誣人之罪。以罪罪之。我聞恰似飲甘露。早是落他圈圚了也。銷鎔頓入不
思議。救得一半。觀惡言。金不博金。是功德。水不洗水。此則成吾善知識。
上大人。孔乙己。不因訕謗起冤親。重疊關山路。何表無生慈忍力。一箭
中青霄。(十二)宗亦通㊀說亦通㊉定慧圓明不滯空(卍)非但我

今獨達了。(八)恒沙諸佛體皆同。(佛)(十三)獅子吼。虛空開大口。無畏說。萬竅翻一舌。百獸聞之皆腦裂。紅爐焰上飛片雪。香象奔波失卻威。非其天龍寂聽生欣悅。猶帶瀐在。(十四)游江海。亂走作麼。涉山川。還我草鞋錢來。尋師訪道為參禪。阿誰欠少。自從認得曹溪路。試拈將來看。了知生死不相干。不許夜行。投明須到。(十五)行亦禪。〇坐亦禪〇語默動靜體安然。〇縱遇鋒刀常坦坦。也是徐六担板。假饒毒藥也閑閑。又隔一重關。我師得見然燈佛。瀨狗牽伴。多劫曾為忍辱仙。劈破卻團圓。又云。劍去久矣。(十六)幾回生。一不成雙。幾回死。二不成隻。生死悠悠無定止。二由一有。一亦莫守。自從頓悟了無生。既是無生。又作麼生。
了。於諸榮辱何憂喜。有智無智。較二十里。㈦入深山魚行水濁。住蘭若
鳥飛毛落。岑崟幽邃長松下。天地一指。萬物一馬。優游靜坐野僧家。百鳥
不啣花。闃寂安居實瀟灑。沒可把。又云。今古歷然。㈧覺即了。雲開月皎。不
施功。虎嘯生風。一切有爲法不同。梁寶元來是誌公。住相布施生天
福。寰中天子敕。猶如仰箭射虛空。塞外將軍令。勢力盡。人貧志短。箭還
墜。馬瘦毛長。招得來生不如意。夜行莫踏白。不是水。便是石。爭似無爲實
相門。彈指云。從這裡入。一超直入如來地。且喜到家。㈨但得本。車不橫行。莫

愁末。理無端斷。如淨琉璃含寶月。眼觀東南意在西北。既能解此如意

珠。相逢不拈出。舉意便知有。自利利他終不竭。是我家裡人。方說家裡話。(主)江月

照。井底蝦蟆跳。松風吹。鵓鳩樹上啼。永夜清霄何所為。作賊人心虛。(主)佛

性戒珠心地印。不勞懸古鏡。霧露雲霞體上衣。天曉自分明。(主)降

龍鉢。黑似漆。解虎錫。明如日。兩鈷金環鳴歷歷。上下四維無等匹。不

是標形虛事持。如來寶杖親蹤跡。達磨十萬里西來。卻對梁帝道不識。(主)

不求眞。湘之南。不斷妄。潭之北。了知二法空無相。中有黃金充一國。

無相無空無不空。即是如來眞實相。無影樹下合同船。琉璃殿上無知識。

㉓心鏡明。靈光洞耀。鑒無礙。迥脫根塵。廓然瑩徹周沙界。體露眞常不拘文字。萬象森羅影現中。心性無染。本自圓成。一顆圓光非內外。但離妄緣即如如佛。㉔豁達空不可放過。撥因果。放過不可。莽莽蕩蕩招殃禍。打殺有甚麼罪過。棄有著空病亦然。打着南邊動北邊。還如避溺而投火。看脚下。㉕捨妄心。海底摸針。取眞理。空中覓縫。取捨之心成巧僞。差之毫厘。失之千里。學人不了用修行。病眼見空花。眞成認賊將爲子。空花結空果。㉖損法財。家鬼入來。滅功德。着賊了也。莫不由斯心意識。春風滿地成狼籍。是以禪門了卻心。了了時無可了。頓入無生知見力。

玄玄玄處亦須呵。㉗大丈夫。露。秉慧劍險。般若鋒兮金剛燄交。

非但能摧外道心。破也破也。早曾落卻天魔膽。慴也墮也。㉘震法

。雷擊法鼓。布慈雲兮灑甘露。龍象蹴踏潤無邊。三乘五

性皆醒悟。雪山肥膩更無雜。純出醍醐我常納。一性圓

通一切性。一法遍含一切法。一月普現一切水。一切水

月一月攝。諸佛法身入我性。我性同共如來合。一地具

足一切地。非色非心非行業。彈指圓成八萬門。剎那滅

卻三祇劫。一切數句非數句。與吾靈覺何交涉。上來所供。並皆

詣實。㊴不可毀不可讚。兩頭俱坐斷一劍倚天寒。體若虛空無涯岸。心不負人面無慚色。不離當處常湛然。壺中別有天。覓即知君不可見。劍去久矣汝方刻舟。取不得。晝見日。捨不得。夜見星。不可得中只麼得。人平不語。水平不流。又云。切。切。㊵默時說。上是天。說時默。下是也。大施門開無壅塞。天傾西北。地陷東南。有人問我解何宗。日高樹影重。報道摩訶般若力。雨落地下濕。或是或非人不識。識得不爲寃。逆行順行天莫測。賊是小人。知過君子。吾早曾經多劫修。不風流處也風流。不是等閑相誑惑。要諦一貫兩箇五百。㊶建法幢。好肉剜瘡。立宗旨。敲骨取髓。明明佛敕曹溪是且道是箇甚麼。第一迦葉首傳燈。謝三郎不識四字。非頭元是你。二十八代西天記。相隨來也。又云。遞相鈍置。㉜法東流。禍胎生也。入此土。猛虎當路。菩提達磨為初祖。珊瑚枝上走玉兎。六代傳衣天下聞。聞名不如見面。後人得道何窮數。甜瓜徹蒂甜。苦瓠連根苦。㉝眞不立。天晴日頭出。妄本空。日高花影重。有無俱遣不空空。頂門隻眼亞雙瞳。二十空門元不著。虛空放出遼天鶻。一性如來體共同。閩蜀同風。㉞心是根。一翳在眼。法是塵。空花亂墜。兩種猶如鏡上痕。打破鏡來卻許相見。痕垢盡除光始現。一心不生。萬法俱息。心法雙忘性即眞。此去漢陽不遠。㉟嗟末法惡時世。濶八尺。長丈六。

衆生福薄難調制。真不掩僞，腦後見腮。魔強法弱多寃害。莫與往來。去聖遠兮邪見深。海枯終見底。人死不知心。聞說如來頓教門。成者自成。恨不滅除如瓦碎。壞者自壞。作在心。多喜少瞋。殃在身。少喜多瞋。不須寃訴更尤人。眼底無筋一世貧。欲得不招無間業。識法者懼。莫謗如來正法輪。無雲生嶺上。有月落波心。

㊱ 栴檀林。舉一不得舉二。無雜樹。放過一著落在第二。鬱密森沉師子住。手把夜明符。幾箇知天曉。境靜林閒獨自遊。人行更在青山外。走獸飛禽皆遠去。萬里望鄉關。

㊲ 師子兒。出窟了也。衆隨後。捕影追蹤。三歲便能大哮吼。不許夜行。投明須到。若是野干逐法王。

字經三寫。百年妖恠虛開口。烏焉成馬(三八)圓頓教。相逢不拈出。舉意便知有。勿人情。眼生三角。頭峭五岳。有疑不決直須爭。過蟻難尋穴。歸禽易見巢。不是山僧逞人我。我喚作火。汝不得喚作火。修行恐落斷常坑。海上障雲橫。非不非。古之今之。是不是。今之古之。差之毫釐失千里。猛虎入鬧市。是則龍女頓成佛。無雲生嶺上。非則善星生陷墜。有月落波心。(三九)吾早年來積學問。貧人思舊債。亦曾討疏尋經論。不是苦心人不知。分別名相不知休。愁人莫向愁人說。入海筭沙徒自困。說向愁人轉見愁。卻被如來苦呵責。一狀領過。數他珍寶有何益。死。歇難翻從來蹭蹬覺虛行。脚下點地。多年枉作風塵客。要知山下路。須問過來人。㊫種性邪。病眼見空花。錯知解。空花結空果。不達如來圓頓制。常憶江南三月裡。鷓鴣啼處百花新。二乘精進勿道心。人貧智短。外道聰明無智慧。馬瘦毛長。亦愚癡亦小騃。同坑無異土。空拳指上生實解。好掘虛空一窖埋。執指為月枉施功。捕影追風。根境法中虛捏怪。自買自賣。不見一法即如來。蚌含明月。玉兎懷胎。方得名為觀自在。兩彩一賽。了即業障本來空。了。未了應須還宿債。敗。飢逢王膳不能飡。病遇醫王怎得瘥。獅子咬人。韓獹逐塊。㊫在欲行禪知見力。三九二十七。火中生蓮終不壞。

他家自有通人愛。勇施犯重悟無生。早時成佛於今在。溪邊楊柳影。不礙釣舟行。㊷獅子吼。雪嶺泥牛走。無畏說。虛空咬着舌。深嗟懞懂頑皮靼。聾人怎得聞。祇知犯重障菩提。貪觀天上月。不見如來開秘訣。失卻手中撓。有二比丘犯婬殺。黑牛臥死水。波離螢光增罪結。癩馬繫枯椿。維摩大士頓除疑。猶如赫日消霜雪。八十公公入場屋。真誠不是小兒戲。㊸不思議解脫力。一點水墨。兩處成龍。妙用恒沙也無極。寸不如尺。四事供養敢辭勞。有甚饆饠鎚子。快下將來。萬兩黃金亦消得。獨掌不浪鳴。兩手鳴摑摑。粉骨碎身未足酬。沒來由處有來由。一句了然超百億。

匝地淸風有何極。(四四)法中王。頭頂天。最高勝。脚踏地。恒沙如來同共證。千聞不如一見。又云。也是無風起浪。我今解此如意珠信受之者皆相應。虛空包不住。大地載不起。(四五)了了見無一物日面佛。月面佛。亦無人亦無佛。東涌西沒南涌北沒。大千沙界海中漚。一箭落雙鴻。一切聖賢如電拂。蹉過了也。假使鐵輪頂上旋。猢猻上樹尾連顚。定慧圓明終不失。垂手過膝。(四六)日可冷月可熱。眼底無筋。皮下有血。衆魔不能壞眞說。一口無兩舌。象駕崢嶸慢進途。兵隨印轉。將逐符行。誰見螳螂能拒轍。掉棒打月。大象不遊於兎徑。聽取號令。大悟不拘於小節臨濟德山只得一橛。

莫將管見謗蒼蒼。釣魚船上謝三郎。未了吾今為君訣。千里萬里一條鐵。

釋曰。永嘉眞覺大師。精天台教觀。因讀維摩經發明心地。後詣曹溪六祖印證。述此證道歌。明教外別傳之道。揀去權淺之病。乃禪門摧邪顯正之要訣也。元明之際。有南巢竺源蘭若法慧宏德禪師者。於此每句。而著語之。今錄復分全歌為四十六段。每段。註其文義。而結其頌。茲不錄。

石頭遷祖叅同契第六 雪竇顯祖着語。

竺土大仙心誰是能舉。東西密相付惜取眉毛。人根有利鈍作麽生。道無南北祖且欵欵。靈源明皎潔撫掌呵呵。支派暗流注亦未相許。執事原是迷展開兩手。契理亦非悟拈卻了也。門門一切境拾短從長。回互不回互以頭換尾。回而更相涉這個是拄杖子。不爾依位住莫錯認定盤星。色本殊質像豈辨開睛。聲元異樂苦還同掩耳。暗合上中言心不負人。明明清濁句口宜掛壁。四大性自復隨所依。如子得其母可知也。火熱風動搖春水自消。水濕地堅固從旦至暮。眼色耳音聲。

海宴河清。好明取。暗必可知。無異說。旨尔寧止。莫教錯。又何妨。和彌寡。

鼻香舌鹹醋。可憑可據。然依一一法。重報君。依根葉分布。

本末須歸宗。雖我能知。尊卑用其語。不犯之令。當明中有暗。

勿以暗相遇。明還非覩。勿以明相覩。一見三。當暗中有明。

明暗各相對。若為分。比如前後步。不如此。萬物自有功。

當言用及處。縱橫十字。事存函蓋合。仔細看。理應箭鋒拄。

承言須會宗。未光非相。勿自立規矩。突出難辯。觸目不會道。

運足焉知路。也不惡。進步非近遠。唱彌高。迷隔山河固。

謹白叅元人。門必同歸。光陰莫虛度。誠哉是言也。

釋曰。按石頭遷祖。因讀肇論。會萬物爲己之句。遂悟聖人無己。靡所不己。復印證於禪宗。而述叅同契。欲人人承言悟宗。觸目會道耳。至於寶鏡三昧。五位君臣。都從這裡流出。舊有雪竇顯祖。每句爲之著語。今錄之。至法眼大師註。及福州鼓山永覺賢師輯洞上古轍。以此註於卷首。茲不錄。

臨濟元祖法語第七

祖云。大凡學人。先要明悟自己眞正見解。若悟得自己見解就不被生死所染去住自由而殊勝自備然今不得者病在不自信耳自信不及卽便忙忙徇一切世境滯惑積業諸仁者若能歇得念念馳求心便與佛祖不別汝欲識佛祖麼卽汝目前聽法底是由汝自信不及便向外馳求就得者只是文字禪與佛祖大遠在諸大德此時不求眞悟萬劫千生輪迴三界狥好惡境向驢牛胞胎去也汝若自信得及欠少什麼六道神光未曾間歇一念淨光是汝法身佛一念無分別光是汝報身

佛一念無差別光是汝化身佛此三身卽今目前聽法底人爲不向外求有此三種功用然此三種亦只是名言故云身依義而立土據體而論法性身法性土明知是光影諸大德切要識取弄光影人是諸佛本源是一切法根本諸大德四大色身不解說法聽法虛空不解說法聽法是汝目前歷歷孤明勿形段者解說法聽法所以山僧向汝道五蘊身田內有無位眞人堂堂顯露無絲毫許間隔何不識取心法無形通貫十方在眼曰

見。在耳曰聞。在手執捉。在足運奔。心若不生。隨處解脫。山僧見處。坐斷報化佛頭。十地滿心。如客作兒。等妙二覺。如帶枷鎖。羅漢辟支。如著泥土。菩提涅槃。如繫驢橛。何以如斯。蓋謂作佛念輕。縱然自在。還為妄度。生心切。須信慈悲也是貪。

釋曰。臨濟法語。禪書互載。此篇同異。未知誰正。俟高明者辯之。然此篇是入道捷徑。若領悟不真。妄認識神。墮於古人所訶。非祖之咎。在會與不會耳。

雲巖晟祖寶鏡三昧第八

如是之法佛祖密付汝今得之宜善保護銀盌盛雪明月藏鷺類之弗齊混則知處意不在言來機亦赴動成窠臼差落顧佇背觸俱非如大火聚但形文彩即屬染汚夜半正明天曉不露爲物作則用拔諸苦雖非有爲不是無語如臨寶鏡形影相覩汝不是渠渠正是汝如世嬰兒五相完具不去不來不起不住婆婆和和有句無句終不得物語未正故重離六爻偏正回互疊而爲

三變盡成五如莖草味如金剛杵正中妙挾敲唱雙舉通宗通途挾帶挾路錯然則吉不可犯忤天眞而妙不屬迷悟因緣時節寂然昭著細入無間大絕方所毫忽之差不應律呂今有頓漸緣立宗趣宗趣分矣卽是規矩宗通趣極眞常流注外寂中搖繫駒伏鼠先聖悲之爲法檀度隨其顚倒以緇爲素顚倒想滅肯心自許要合古轍請觀前古佛道垂成十劫觀樹如虎之缺如馬之馵以有下劣寶几珍御以有驚異貍奴白牯羿以巧

力射中百步箭鋒相值巧力何預木人方歌石女起舞非情識到寧容思慮臣奉於君子順於父不順非孝不奉非輔潛行密用如愚若魯但能相續名主中主

釋曰寶鏡三昧洞山室中密授曹山故洞山云吾在雲巖先師處親傳寶鏡三昧今以付汝據此知非洞山所作乃雲巖所作也宋有覺範洪公註清鼓山永覺賢師再註于洞上古轍中板藏杭州瓶窑迴龍寺乾隆三十九年迴龍經板房燬洞上古轍亦燼至今未

刻。又荆溪截流策公述寶鏡三昧本義甚妙。亦未刻行。凡志禪宗者。當尋閱也。要而言之。首句卽云如是之法。至宜善保護。可見此法爲知有者言。令善保護而已。一不善保護。卽不相應。所謂毫忽之差。不應律呂是也。於中立宗趣。設規矩。奉順君父。滌除法執。無非令知有者保護此法。如空中鳥迹。跡迹皆空。是謂眞空妙有。苟不知有而徒穿鑿於言句。則迷頭認影矣。

同安察祖十懸談第九。淸涼和尚著語

心印。切忌道着。

問君心印作何顏。寧可截舌。莫犯國諱。心印誰人敢授傳。有傳即錯。歷劫坦然無變色。觀着即瞎。呼爲心印早虛言。點即不到。到即不點。須知本自靈空性。切忌當頭。將喻紅爐火裡蓮。不妨奇特。莫謂無心便是道。淨地上死人無數。無心猶隔一重關。萬里望崖州。又云無念無事人。猶遭金鎖難。

祖意。佛祖向上事。密密不通風。雲中尋鳥道。水底摸魚蹤。又云聲前不露。句後難提。

祖意如空不是空。說似一物即不中。元機爭墮有無功。一刀兩段。三賢固未明斯旨。壓良爲賤。又云滲漏小船。不堪重載。十聖那能達此宗。莫謗他好。透網錦鱗猶滯水。鶺鴒雖脫殼。未免抱寒枝。迴途石馬出羅籠。簾纖脫盡處央平生。慇懃為說西來意。婆心太切。莫問西來及與東。莫亂走。又云混融無內外。何更有東西。

元機。縱橫無滯。脫體無依。又云轉轆轆地。

迢迢空刦勿能收。活鱍鱍地。又云。須知空刦外。別是一壺天。豈為塵機作繫留。兩頭坐斷。又云。在欲而無欲。居塵不染塵。妙體本來無處所。本無位次。通身何更有蹤由。五眼覷不見。又云。鳥飛無跡。風過無形。靈然一句超羣象。摩竭掩門機已泄。毘耶杜口語猶新。迥出三乘不假修。本自圓成。撒手那邊千聖外。鬼窟活計。回程堪作火中牛。爲衆竭力。

塵異。麗水一星金。流沙混不得。又日。白玉泥中異。不觸萬機塵。

濁者自濁淸者淸。各住本位。菩提煩惱等空平。聖凡無異路。誰言卞璧無人鑒。玉石自異。又云。休言滿目無人。也有一箇半個。我道驪珠到處晶。眞玉泥中異。不撥萬機塵。又云。朗然明歷歷。何處不光輝。萬法泯時全體現。雲收月現。垢盡光生。三乘分處假安名。曲爲今時。科分三段。丈夫自有冲天志。任你踍跳。莫向如來行處行。已是踏人蹤跡。佛教。故將一句無私語。喚起黃粱夢裡人。

三乘次第演金言。撒土撒沙。三世如來亦共宣。有條舉條。初說有空人盡執。刺頭入膠盆。又云。隨言迷旨。逐句乖宗。後非空有衆皆捐。理長即就。又云。上乘菩薩信無疑。中下聞之必生怪。龍宮滿藏醫方義。應病與藥。又云。病雖一種。藥有多般。鶴樹終談理未元。莫謗他好。眞淨界中纔一念。片雲點太虛。又云。漚生巨海。雲起長空

閻浮早已八千年。光陰迅速。

達本。又名還鄉曲。得本何愁末。歸家罷問程。

勿於中路事空王。半合半開。策杖還須達本鄉。一念便同。回機本得。雲水隔時君莫住。住即不可。雪山深處我非忘。醜拙已彰。堪嗟去日

顏如玉。多愁早老。卻嘆來時鬢似霜。為他閑事惹人愁。撒手到家人不識。從來無面目。更無一物獻尊堂。始成孝養。還源。又名破還鄉曲。水流歸大海。月落不離天。返本還源事已差。擬向即乖。本來無處不名家。慶快平生。萬年松徑雪深覆。絕踪跡。斷消息。又云雪封千尺白。一徑路難通。一帶峰巒雲更遮。已死更不再活。賓主睦時純是妄。自領出頭。君臣合處正中邪。理無曲斷。又云。入宮無二體。坐著郄成功。還鄉曲調如何唱。不打這鼓笛。又云。木人撫掌。石女謳歌。明月堂前枯木花。忒煞奇特。

轉位。暗中移一步。大地盡回春。

涅槃城裡尚猶危。臥龍常怖碧潭清。陌路相逢沒定期。二邊不住。權掛垢衣云是佛。亦是假名。又云。陋巷不騎金色馬。回途却著破襴衫。却裝珍御復名誰。從來不得名。木人夜半穿靴去。半夜正明。石女天明戴帽歸。天曉不露。萬古碧潭空界月。偏正分明。再三撈摝始應知。事不厭細。

回機。撒手忘依倚。回機異類中。

披毛戴角入鄽來。轉身行異類。優鉢羅華火裡開。難逢難遇。又云。不從栽種得。遍界發馨香。煩惱海中爲雨露。拖泥帶水。又云。滴滴灑清涼。能除諸熱惱。無明山上作雲雷。濟物普天三尺雨。驚人動地一聲雷。鑊湯爐炭吹教滅。大費力在又云。太陽既出。曉露那停。劍樹刀山喝使摧。有勞神用。又云。凝然一句子。瓦解冰消。金鎖元關留不住。佾俐衲僧。又云。頓開金鎖無拘繫。踢倒元關始自由。行於異類且輪回。入泥入水。又云。踏得箇中田地穩。遊山翫水有何妨。

一色過後。又名正位前。白馬入蘆花。又云。蘆花兩岸雪。烟水一江秋。

枯木巖前差路多。多岐亡羊。又云。長安大道平如掌。只是行人嶮處行。行人到此盡蹉跎。心生猶是妄。舉步落今時。又云。差之毫釐。失之千里。鷺鷥立雪非同色。法無可比。又云。雪月映蘆花。相似全不似。明月蘆花不似他。比不及。頓不齊。又云。無物堪比論。教我如何說。了了了時無可了。掛角羚羊。又云。無一絲可了始得。只這是舊時人。元元元處亦須訶。驪珠擊碎。又云。靈臺不隱絲毫物。妙用元微盡掃除。殷勤爲唱元中曲。蘇嚕蘇嚕。又云。五音俱不犯。洪韻出青霄。空裡蟾光撮得麼。那知不贏。又云。陽焰空花徒撮摸。拋磚打瓦謾勞神。

釋曰。十懸談頌。大宏正中妙挾之旨。前則統示旨要。後則深勘見地。可謂於無方便中垂方便。無漸次中立漸次。乃照心明鏡。歸家大道。禪病良劑。法門妙指也。且其詞明文簡。每於風月之下。時一吟詠知音者。

不曾耳提面命。令人默契於此洗心深研。久久自得也。有清凉和尚者。於每句下。係以著語錄焉。復註其文。茲不錄。

浮山遠祖禪宗九帶第十

一。正法眼藏帶。夫眞實之理。證成法身照用之功。作爲報土。諸佛本源。既爾諸祖洪範亦然。五部分宗。萬派精藍。碁布一燈分燄。十方法席鱗差。華嚴經云。如來不出世。亦無有涅槃。昔靈山會上。世尊以青蓮目瞬示大衆。

無能領其密意。唯大迦葉領解佛旨。佛言。吾有正法眼藏。涅槃妙心。付囑於汝。汝當流布。勿令斷絕。付以偈云。法本法無法。無法法亦法。今付無法時。法法何曾法。以十二部經。付阿難流通。一切戒律。囑優波離奉持。乃至大迦葉。持佛袈裟。於雞足山中入寂滅定。待彌勒下生。兩手付出。

二佛法藏。帶夫三乘教外。諸祖別傳。萬象之中。迥然獨露。纖塵未泯。阻隔關山。擬議差殊。千生萬劫。三賢不曉千聖那知。截斷衆流。如何湊泊。聖人曲成萬物而不已。刻雕衆形而無功。強名曰。如來藏。所謂藏者。括三世諸佛法藏。間有大小乘異。小乘謂聲聞緣覺。大乘謂菩薩。又藏謂經律論。乘謂聲聞緣覺菩薩。而兼攝人天。然則教分名數。依根所立。而不離一乘。法華經云。於一乘道。分別說三。又云。尚無二乘。何況有三。又云。唯此一事實。餘二則非眞。此名依根立權教也。如華嚴說如來藏。以法界爲體。如來藏無前後際。無成壞法。無行相得絕對待義。經云。一念普觀無量劫。無去無來亦無住。如是了知三世事。超諸方便成十力。然聖人說了義不了義。並是依根安立。諸佛隨宜說法。意趣難解。三藏五乘。各有宗旨。頓。漸。半。滿。並是權立。唯華嚴體量。生佛無殊。本無修證。本無得失。無煩惱可斷。無菩提可求。人與非人。性相平等。

三。理貫帶。夫聲色不到。語路難詮。今古歷然。從來無間。以言顯道。曲爲今時。竪拂揚眉。周遮示誨。天然上士。豈待提撕。中下之機。鈎頭取則。投機不遇。過在何人。更或躊躇。轉加鈍置。理貫帶者。理卽正位。其正位中。自無一法。空同實際。不受一塵。

四、事貫帶。夫日月照臨不到。天地覆載不着。劫火壞時彼常安。萬物𢧐時全體露。隨緣不變。處鬧常寧。一道圓光。阿誰無分。剎說衆生說。三世依正一時說。

五、理事縱橫帶。夫觸目是道。絕跡無私。佛事門中。通貫實際。圓融事理。運用雙行。器量堪任。隨機赴感。門風露布各在當人。建立宗乘。強生枝節。出門問路。指東話西。歷劫頑嚚。如何抑發。

六。屈曲垂帶。夫垂者。聖人垂機接物也。屈曲者。脫珍御服。着弊垢衣也。同安云。權掛垢衣云是佛。却裝珍御復名誰。珍御名不出世。垢衣名出世。僧問石門徹云。雲光法師。為甚麼却作牛去。荅云。陋巷不騎金色馬。回途却着破襴衫。此明成佛後。却為菩薩導利衆生。乃不住無為。不盡有為也。文殊問維摩云。菩薩云何通達佛道。荅

曰菩薩行於非道是名通達佛道

七。妙叶兼帶。風穴云。夫叅學眼目。臨機直須大用現前。莫自拘於小節。設使言前薦得。猶是滯殼迷封。縱饒句下精通。未免觸途狂見。勸汝諸人。應是從前依他作解。明昧兩岐。凡聖疑情。一時掃却。直教箇箇如師子兒哮吼一聲。壁立萬仞。誰敢正眼覷著。覷著則瞎却渠眼

八。金針雙鎖帶。夫雖足分燈之後。少林傳芳以來。各闡元風。互興佛事。若憑言詮爲據。斷滅法門。更或造作修功。

平沉千聖。頭頭顯露。物物明眞。不用躊躇直截便道。九。平懷常實。滯洛浦云。末後一句。始到牢關。把斷要津。不通凡聖。尋常向汝諸人道。任從天下樂忻忻。我獨不肯。何故。靈龜負圖。自取喪身之先兆。鳳縈金網。擬趣霄漢。以何期。直須旨外明機。莫向言中取則。所以道。石人機似汝也。解唱巴歌。汝若似石人。雪曲也應和。僧問南泉。如何是道。泉云。平常心是道。如達平常道也。見山是山。見水是水。信手拈來。無可不可。風來樹動。浪起船高。

春生夏長。秋收冬藏。大地皆然。有何差異。但得風調雨順。國泰民安。邊方寧靜。君臣道合。豈在麒麟出現。鳳凰來儀。方顯祥瑞哉。只須理歸其道。事乃平實。無聖可求。無凡可捨。內外平懷。泯然自盡。所以諸聖語言。隨順世諦。會則途中受用。不會則世諦流布。

師云。據圓極法門。本具十數。今此九帶。已為諸人說了。更有一帶。還見得麼。若見得親切。請出來說看。說得相應。許汝通前九帶圓明道眼。若見不親切。說不相應。唯依吾語而爲已解。卽是謗法。諸大德到此如何。衆無語。師叱之去。

釋曰。浮山九帶乃禪宗大綱也。正法眼藏帶。彰世尊教外別傳付大迦葉之源始也。佛法藏帶。明三藏五乘是隨宜安立。唯華嚴以法界爲體。量生佛同性。性相平等也。理貫帶。卽正位。事貫帶。卽偏位。言貫者理事貫通。正是偏之正。偏卽正之偏也。理事縱横帶。言事則唯事。言理則唯理。縱横無礙。偏正無迹也。屈曲垂帶。明佛脫珍着弊。俯應羣機也。妙叶兼帶。當機大用。不存軌則以風穴語而徵信也。金針雙鎖帶。頭頭顯露。物物明眞。全體現前。不落二邊也。平懷常實帶。謂如上所云。原無元妙。只在當人日用平常也。又云。圓具十數。今已說九更有一帶。還見麽。鼓山謂這一帶。阿誰不見。唯前九帶。佛祖不敢正眼覷著覷著則瞎。汝諸人又怎麽生

禪海十珍集終

大乘佛元三〇〇三年（民六五）初秋．香江禪社　仿古杭西湖瑪瑙寺西首老經房板

國家圖書館出版品預行編目資料

濟顛禪師大傳／蕭天石, 釋廣定, 鄭燦審訂. -- 1 版. -- 新北市：華夏出版有限公司, 2022.04
面；　公分. --（Sunny 文庫；220）
ISBN 978-986-0799-87-3（平裝）

1.CST: 濟顛禪師 2.CST: 佛教傳記
229.352　110022379

Sunny 文庫 220
濟顛禪師大傳

審　訂　蕭天石 釋廣定 鄭燦
印　刷　百通科技股份有限公司
電話：02-86926066 傳真：02-86926016
出　版　華夏出版有限公司
220 新北市板橋區縣民大道 3 段 93 巷 30 弄 25 號 1 樓
電話：02-32343788　傳真：02-22234544
E-mail：pftwsdom@ms7.hinet.net
總 經 銷　貿騰發賣股份有限公司
新北市 235 中和區立德街 136 號 6 樓
電話：02-82275988　傳真：02-82275989
網址：www.namode.com
版　次　2022 年 4 月 1 版
特　價　新台幣 450 元 (缺頁或破損的書，請寄回更換)

ISBN：978-986-0799-87-3

《濟顛禪師大傳》由佛教出版社同意華夏出版有限公司出版